다산학 입문

다산학 입문

5

이을호 지음 · 다산학연구원 편

한국학술정보

간행사

선생이 1998년 88세를 일기로 서세하신 후, 2000년 11월 <이을
호 전서> 9책 24권이 출판되었고, 2010년 탄생 100주년을 기념하
여 『현암 이을호 연구』가 간행되었다. 그리고 10여 년 사이에 몇 가
지 학계의 여망을 수렴해야 할 필요성이 대두되었다. 초간본에서 빠
트린 글들을 보완해야 할 필요성이 제기되었고, 현대의 독자들을 감
안해서 원문 인용문 등도 쉽게 풀이하는 것이 좋겠다는 요청이 있었
다. 그 가운데 가장 중요한 것은 선생의 저술들이 가지는 학술적 가
치를 고려할 때 몇몇 주요 저술들을 단행본으로 손쉽게 접할 수 있
도록 보완해달라는 것이었다. 이로 인해 <이을호 전서>를 <현암
이을호 전서>로 개명하고, 9책 24권 체제를 각권 27책 체제로 확대
개편하는 수정 증보판을 내놓게 되었다.

일반적으로 선생을 가리켜 다산학 연구의 개척자라 하기도 하고,
현대 한국학의 태두라 하기도 하지만, 이는 그 일면을 지적하는 것
일 뿐, 그 깊이와 내용을 올바로 판단한 것은 아니다. 선생의 학술적

탐구가 갖는 다양한 면모와 깊이는 전체적으로 고찰하기가 어렵기 때문이다.

선생의 학문 여정을 돌아볼 때 고보 시절에 이제마(李濟馬, 1838∼1900)의 문인으로부터 『동의수세보원』을 익힘으로써, 인간의 근원에 대한 이해, 곧 그때까지 유행하고 있었던 주자의 성리설(性理說)로부터 고경(古經)의 성명론(性命論)으로 전환하는 계기가 되었다. 또한 경성약전을 졸업하고 중앙의 일간지에 「종합의학 수립의 전제」 등 여러 논설을 게재하고 『동양의학 논문집』 등의 창간을 주도하면서 '동서양 의학의 융합'을 주장하였던 것은, 일제하에 허덕이고 있었던 민생을 구하고자 하였던 구세의식의 발로(發露)였다.

27세 때, 민족자강운동을 펴다가 일경에게 체포되어 영어의 몸으로서 『여유당전서』를 탐구하였던 것은, 다산이 멸망하는 조선조의 운명을, 새로운 이념으로 광정(匡正)하고자 하였던 그 지혜를 배워서, 선생이 당면하였던 그 시대를 구하고자 한 것이었다. 광복과 함께 학교를 열었던 것은 평소에 꿈꾸었던 국가의 부흥을 교육입국을 통하여 현실에 실현시키고자 함이었다.

학술적으로 첫 업적이라고 할 수 있는, 국역 『수은(睡隱) 간양록(看羊錄)』은 우리의 자존심으로서, 일제에 대응하고자 하였던 존엄의식의 발로였다. 마침내 다산의 경학연구로 학문적 토대를 쌓아, 육경사서(六經四書)에 대한 논문과 번역 등, 『다산경학사상연구』를 비롯한 많은 저술을 남긴 것은, 조선조 500년을 지배한 주자학의 굴레로부터, 학문적 자주성과 개방성으로서 새로운 시대의 올바른 문화를 열고자 하는 열망을 학술적 차원에서 이룬 것이었다.

선생의 학문은 난국의 시대에 국가의 앞날을 우려하여, 우리의 의식으로서 새로운 사상적 전환을 이룩하고, 한국학의 독자성을 밝혀, 현대문화의 새로운 방향을 제시한 것이라 할 수 있다. 선생의 학문은 깊고 원대한 이상에서 성장해 결실을 맺은 것임을 알 수 있으니, 그 학문세계를 쉽게 말할 수 없다는 소이가 바로 여기에 있다.

선생이 가신 지 어언 15년의 세월이 흘렀음에도 선생의 저술에 대한 기대가 학계에 여전한 것은 오롯이 선생의 가르침과 학술로 거둔 성과다. 문인으로서 한결같이 바라는 것은 선생의 학술이 그 빛을 더하고 남기신 글들이 더욱 널리 퍼지는 것이다. 이 새로운 전집의 간행을 계기로, 선생의 학문이 더욱 널리 알려지고, 그 자체의 독자성이 심도 있게 탐구되어 대한민국의 학술사에서 선생의 위상이 새롭게 정립된다면, 이것이야말로 이 전서의 상재(上梓)에 참여한 문인들의 둘도 없는 소망이다.

2013년 납월(臘月)
문인 오종일 삼가 씀

일러두기

○ 이 책은 1983년 중앙일보사의 『중앙신서』 108호로 간행되었던
것을 2000년에 간행한 <이을호 전서> 2권에 수록하였던 것
인데 이번에 다시 분리하여 간행하였다.

○ 저자는 인용문을 원문 그대로 표기하였으나, 교열 과정에서 모
두 번역하고, 원문은 괄호 또는 각주로 처리하였다.

○ 국역은 교열 과정에서 이루어졌기 때문에 오역이 있는 경우 저
자와는 무관함을 밝힌다.

○ 원문의 국역 과정에서 기간(旣刊)의 역서(譯書)를 참고한 경우가
있음을 밝혀 둔다.

○ 이 책 인용문의 번역 및 교열자는 장복동이다.

현암 이을호 전서

다산학 입문
목 차

제1장 시대적 배경

제2장 생애와 저술

제3장 육경사서학

제4장 일표이서의 학

제5장 다산학의 본질

제6장 다산학의 역사적 맥락

서론

영정시대의 새로운 학풍을 배경으로 하여 성숙한 다산학은 대체로 어떻게 평가되고 있는 것일까.

흔히 다산을 일러 한국 실학, 엄격하게 말하자면 조선조 후기 실학(이하 후기 실학)의 집대성자라 이른다. 그런데 우리가 여기서 주목하고자 하는 것은 다름 아니라 조선조 후기 실학자로 지목되는 인물로서 반계 유형원(1622~1673)·성호 이익(1681~1763)·순암 안정복(1712~1791)·여암 신경준(1712~1781)·연암 박지원(1737~1805)·아정 이덕무(1741~1793)·초정 박제가(1750~1815)·존재 위백규(1727~1798)·추사 김정희(1786~1856)·담헌 홍대용(1731~1783)·혜강 최한기(1803~1879) 등 많은 학자들이 있지만 오직 다산 정약용(1762~1836)에게 한하여 '집대성'이라는 수식어로 그를 평가해 준다는 사실이다. 그것은 두말할 것도 없이 그 많은 실학자들 중에서도 오직 다산만이 후기 실학의 집대성자라는 이름과 일치한다는 의미로 쓰인 것임은 다시 말할 나위도 없다.

그렇다면 집대성이라는 단어가 갖는 의미를 어떻게 이해해야 할 것인가. 먼저 손쉽게 사전을 들추어보면 '훌륭한 것을 모아 하나의 완전한 작품을 만듦 또는 그 물건'이라 했다. 이 해석에 따른다면 다산학은 조선조 후기 실학의 세 가지 특징으로 간주되는 경세치용·이용후생·실사구시 등을 한데 모아 하나의 총체로 이룩해 놓은 것임을 의미한다고 해야 할는지 모른다. 이는 이 세 가지 한국 실학의 특징뿐만이 아니라 또 다른 특징이 있다손 치더라도 그것은 다 함께 다산학이라는 용광로 속에서 '하나'로 뭉쳐 집대성해 버렸음을 의미하기도 한다. 그러나 집대성이라는 단어의 어원은 엉뚱하게도 맹자에게서 유래하였음을 상기할 필요가 있다. 원문 그대로 인용하면 다음과 같다.

> 공자를 집대성(集大成)이라 이르는 것이니, 집대성(集大成)이란 금(金)으로 소리를 퍼뜨리고, 옥(玉)으로 거두는 것이다. 금(金)으로 소리를 퍼뜨린다는 것은 조리(條理)를 시작함이요, 옥(玉)으로 거둔다는 것은 조리(條理)를 끝냄이다. 조리(條理)를 시작하는 것은 지(智)의 일이요, 조리(條理)를 끝내는 것은 성(聖)의 일이다[孔子之謂集大成 集大成也者 金聲而玉振之也 金聲也者始條理也 玉振之也者終條理也 始條理者智之事也 終條理者聖之事也](『孟子』,「萬章 下」).

이 글귀는 맹자가 공자의 인품을 예찬한 것으로서 이 집대성이란 예찬의 말은 오직 공자 한 분에 한하여 쓰여진 실로 격조 높은 표현이라 하지 않을 수 없다. 여기에 나타난 본뜻을 간추려본다면 "금으로 소리를 퍼뜨리고 옥으로 거둔다[金聲而玉振之]"는 음악의 처음과 끝을 의미하며 이런 비유로써 공자가 처음과 끝이 하나의 조화를 이룬 사람임을 의미하고 있는 것이다. 이러한 경지는 중화의 극치라 해야 할는지도 모른다. 그러므로 집대성이란 일방적 편향성이 있어도 아니 되고 전체의 일부분일 수도 없는 것이다. 다시 말하면 앞서 언급한 바 있는 후기 실학의 세 가지 특징인 경세치용·이용후생·실사구시 중에서 그 어느 하나의 요건만 갖추더라도 후기 실학자로서 평가될 수는 있겠지만 그렇다고 해서 그를 일러 후기 실학의 집대성자라 이를 수는 없다는 것이다. 왜냐하면 그는 집대성의 입장에서 볼 때에는 도리어 일방적 편향성을 띤 실학자요 동시에 후기 실학이라는 전체 중에서 그의 일부분만을 간직한 자라고 볼 수밖에 없기 때문이다. 그러나 다산만은 다르다. 왜냐하면 그는 그 모든 것을 총섭하여 일신 속에 갖추어 놓고 이를 집대성하고 있기 때문이다.

그럼에도 불구하고 위당 정인보는 「다산선생의 생애와 업적」(『담원국학산고』)이라는 논문에서 다산을 일러 "유일한 정법가 정다산……"이라 하고 또 "반계가 일조요 성호가 이조요 다산이 삼조인데……"라 하여 그의 학문적 계보를 반계-성호-다산이라는 경국제세학-경세학적 계보로 처리하고 있다. 이처럼 경세학적 측면만을 돋보이게 한 위당의 견해를 답습한 현상윤(玄相允)은 그의 『조선유학사』를 저술하면서 소위 후기 실학자들을 한데 묶어서 경제학파, 곧 경국제세학파라 하였으니 이는 오로지 후기 실학으로 하여금 경세실학이라는 일방적 편향성의 늪 속으로 빠져들게 해 놓고 있음을 의미한다.

그러므로 이러한 경세학적 측면의 편향성은 반계·성호에게 있어서는 그들의 전부요 동시에 조선조 후기 실학의 경세학적 측면의 원조들로서 갖추어야 할 요건이 될 수는 있지만 집대성자로서의 다산학의 입장에서 볼 때에는 그것은 다산학의 일부에 지나지 않는다.

그러므로 다산학을 일방적으로 반계·성호의 경세학적 계보라는 틀 속에 묶어 둘 수는 없다는 사실을 여기서 지적하고 넘어가지 않을 수 없다. 그렇다면 다산학을 어떻게 좀 더 구체적으로 파악하고 이해하여야 할 것인가. 우리는 여기서 다산 자신의 말을 들어보는 것이 좋을 것 같다. 그는 그의 「자찬묘지명」에서 다음과 같이 말하고 있다.

> 육경사서로써 자신을 수양하고, 일표이서로써 천하 국가를 다스리니, 본말이 구비되었다[六經四書以之修己 一表二書以之爲天下國家 所以備本末也].

이는 다산 자신의 저술을 총결산하는 말로서 육경사서의 수기지학과 일표이서의 치인[爲天下國家]지학은 다산학의 두 기둥이 되어 있음을 설파한 것이다. 전자를 경서학, 곧 경학이라 한다면 후자는 경국제세학, 곧 경세학이라 해야 마땅할는지 모른다. 그러므로 앞서 지적한 바 있듯이 집대성자로서의 다산학은 조선조 후기 실학이 지닌 경세학적 일방성을 지양하여 경세학과 더불어 경학이 상호보완관계를 맺음으로써 균형 잡힌 학문으로서의 일관성을 갖추게 되어 있는 것이다. 원문 중에서 이른바 '비본말(備本末)'이란 이를 두고 이른 말로서 경학을 본이라 한다면 경세학은 말이 될 것이니 이렇듯 수기치인의 본말을 갖춤으로써 우리는 집대성의 의미에 두 가지가 있음을 알게 되었다. 다산학에 있어서는 이 두 가지의 의미가 다 함께 공존하고 있는 것이다. 전자는 만수귀일(萬殊歸一)의 집대성으로서 만 가지 실학적 요건들이 다산에 의하여 '하나'로 집대성되었음을 의미한다. 이 점에 대해서는 백낙준 박사의 「다산학 연구의 분수령」(『다산학보』 제2집)이란 글 중에서 다음과 같은 일 절을 인용하는 것이 좋을 것 같다.

> 다산은 조선 후기 실학의 집대성자로서 경학·정치·경제·예
> 학·시문·법률·천문·지리·의학·언어학·고고학·농학·
> 화폐·건축기술 등등 여러 분야에서 경세지실학(經世之實學)을
> 남기었다.

고 한 것은 만수귀일의 집대성을 뜻하는 것으로서 백과사전적인 다
산학의 일면을 지적한 것이라고 할 수 있다.

그러나 또 다른 하나인 후자는 시종 또는 본말에 의한 상반된 이
자합일(二者合一)의 집대성으로서 이는 대대관계를 이루고 있는 양자
가 상호보완 또는 조화균형이 잡힌 정중지상(正中之象)을 이루고 있
음을 의미한다. 이를 좀 더 구체적으로 말한다면 다산학은 본시 경
학과 경세학이 이자합일의 정중지상을 이루고 있으면서 상호보완적
조화의 형태로 균형이 잡혀 있는 것이다. 그러므로 다산이 조선조
후기에 성호를 사숙하면서 일표이서를 저술한 것은 애오라지 당시
에 있어서의 성리학의 공소성(空疏性)에 대한 보완적 구실을 하기 위
함이었음은 다시 말할 나위도 없다. 그러나 그렇다고 해서 경세학에
치우친 나머지 경학을 결코 포기하거나 아니면 소홀하게 여기지 않
았음은 물론이다. 이는 그가 수기의 경학과 치인의 경세학을 언제나
그의 학문의 두 기둥으로 하여 어느 한쪽으로도 기울지 않게 다루고
있음을 의미한다.

여기에 수기치인지학(修己治人之學)으로서의 다산학의 면모가 약여
(躍如)하고 있다. 그러므로 그가 육경사서의 수기지학과 일표이서의
치인지학으로써 '비본말(備本末)'하였다고 함은 이를 두고 이른 말이

아닐 수 없다. 이 점에 있어서 다산학이 비록 반계―성호―다산이라는 경세학적 계보에 의하여 분류된다 하더라도 적어도 다산학에 있어서는 경학과의 보완적 의미를 가진 경세학이라는 점에서 경학의 뒷받침이 없는 반계·성호의 실학과는 구별되어야 하기 때문에 다산학에 있어서의 집대성은 만수귀일과 이자합일의 의미가 다 함께 갖추어져 있다고 보아야 한다. 이렇듯 집대성이라는 외형상의 특징과는 달리 본질적인 입장에서 흔히 다산을 개신유학자라 이르기도 한다. 개신유학이라는 신조어가 지닌 새로운 개념은 여러 가지로 풀이할 수도 있겠지만 적어도 다산학의 별칭으로서의 개신유학이 가지는 의미는 정주학, 곧 신유학에 대한 개신으로서 일단은 정주학의 세계에서 벗어났음을 의미하는 것이다. 다산경학이 주자의 칠서대전을 텍스트로 하지 않고 따로 육경사서를 저본으로 한 것도 바로 이러한 개신유학―개신정주학적 태도로 간주할 수가 있다. 그러므로 설령 개신유학을 직설적으로 반정주학이라고 할 수는 없다 하더라도 적어도 정주학의 세계에서는 탈출해 나온 새로운 이념유학임이 분명한 것이다.

그렇다면 개신유학적(改新儒學的) 다산학이 지니고 있는 새로운 유학이념의 본질은 어떠한 것일까. 한 마디로 말해서 다산의 개신유학은 수기치인을 그의 본질로 삼고 있다는 사실을 우리는 주목해야 할 것이다. 앞서도 말한 바 있듯이 수기치인이라는 인간학적 이념은 다산학 집대성의 근간이기도 한 동시에 그것은 또한 개신유학적 다산학의 근간이기도 한 것이다. 다산은 수기치인이야말로 요·순·공자의 도일 뿐만이 아니라 스스로 주장하고 있는 목민지도도 수기치인의 인간학임을 밝히고 있다. 이를 그는 수사학(洙泗學)이라 이르고 있다.

수사학이란 다산 이전에도 이미 쓰이고 있는 단어이기는 하지만 그것의 진정한 의미의 진면목을 밝힌 데에 다산의 숨은 공적이 있다고 해야 할는지 모른다. 수사학이란 후세의 훈고주석학(訓詁註釋學)에 물들지 않은 순수한 공자학을 의미하며 따라서 이를 원시유학 또는 고학이라 이르기도 한다. 다산학을 일러 본래적인 공자학에로 회귀한 개신유학이라 함은 그 까닭이 여기에 있다. 동시에 다산학은 그가 비록 상고적인 수사학에로 회귀하였다 하더라도 참신한 현대 사조와도 호흡을 서로 통할 수 있는 많은 측면을 갖추고 있음도 주목해야 할 것이다.

다산의 이용후생을 위한 실용주의는 비록 국가정책으로 채용되지는 못했다 하더라도 이념적으로는 이미 미국의 듀이보다 1세기나 앞서 있었고 그의 사상의 경험론적 입장은 반관념론의 선하를 이루고 있다. 그의 유일신적 상제사상의 도입은 비록 기독교의 천주사상과 직결되는 것은 아니라 하더라도 유신론적 종교사상의 새로운 장을 열게 하였고 그의 행동주의적 결과론은 주자의 선지후행에 대한 경종으로서의 구실을 하기에 넉넉한 것이다. 이는 교조적인 윤리사상에서 실천궁행의 윤리사상에로의 전환을 의미한다. 그의 실용주의는 자연과학 사조의 영입을 위한 기반이 되었을 뿐만 아니라 그의 사실주의적 시문학 정신은 음풍영월(吟風詠月)의 시정에 새로운 방향을 제시해 준 바가 아닐 수 없다.

끝으로 우리는 다산학과 한국사상과의 맥락을 주의 깊게 관찰하지 않을 수 없다. 다산학은 만수귀일에 의한 만학의 집대성이라는 점에서 자칫하면 성격이 불분명한 학문으로 간주하기 쉽고 이자합일이라는 기능만으로는 다산학 본연의 면모를 들추어내기란 어려울

는지 모른다. 더욱이 개신유학이라는 중국적 어휘 속에서 어떻게 한
국적 맥락을 추려낼 수 있을 것이냐 하는 의문을 갖기가 쉽고 갖는
다는 것이 오히려 당연한 일인지도 모른다. 그러나 외래불교를 한국
불교로 승화시킨 원효의 선례가 있다면 외래유교를 한국 개신유학
으로 승화시킨 다산도 존재할 수 있을 것이 아닐까! 어쨌든 이 문제는
본서가 풀어놓아야 할 중요한 과제의 하나가 아닐 수 없다(후론 참조).

제 1 장

시대적 배경

제1절 정치적 정세

　　다산 정약용(1762~1836)이 태어난 정조 시대(1724~1800)는 새로운 학풍이 일어난 시기이기는 하지만 정치적으로는 당쟁이 격심했던 숙종(1662~1720)시대의 바로 직후였고, 당쟁의 불씨가 되었던 몇 가지 요건들을 추려보면 대체로 다음과 같이 지적할 수가 있다.

　　첫째는 예송의 문제이다.

　　효종(1650~1659)이 승하하자 효종의 계모요 인조(1623~1649)의 계비인 자의대비 조씨가 대행왕(효종)을 위하여 어떠한 복을 입어야 옳으냐의 의논이 일어났다. 이때에 서인인 송시열·송준길 두 사람은 기년복을 주장하였고 남인인 윤휴·허목 두 사람은 3년복을 주장했다. 결국 조정에서는 기년복설(朞年服說)을 채택하였지만 이 문제에 대한 논란은 현종(1660~1674)대를 거쳐 숙종 27년까지 전후 35년에 걸쳐서 계속되었던 것이다. 논쟁의 긴 과정을 거치는 동안에 논리적이기보다는 차라리 당쟁의 감정이 격화함으로써 정치적 정세를 혼돈 속으로 몰아넣고 말았던 것이다.

이에 서인과 남인과의 정쟁은 변하여 서인 내부에서 또다시 노·
소로 갈리어 치열한 싸움이 벌어졌지만 어쨌든 남인은 서인에게 쫓
기는 처지에 놓여 있었다. 그런데 여기서 알고 넘어가야 할 문제의
하나는 남인계열의 다산 정약용은 당적 편견에서 초연히 벗어나 이
문제를 비판하고 있다는 사실이다.

다산은 3년 상을 주장함으로써 마치 자기와 같은 계열의 남인에
게 뇌동(雷同)한 듯이 보일지 모르지만 그의 3년 상의 이론적 근거는
독자적이어서 우암 송시열이나 미수 허목의 설을 다 같이 받아들이
지 않고 있다. 그의 「기해방례변(己亥邦禮辨)」(『여유당전서』 제1집 12
권)과 『상례외편(喪禮外篇)』 가운데 「정체전중변(正體傳重辨)」(같은 책
제3집 3권)에 의하면 우암의 서자설이나 미수의 장자설을 다 같이
배격하고 "이미 대통을 계승하여 종사(宗社)와 신인(神人)의 주인이
되었다면, 그가 비록 임금 첩의 소생이며 열 번째 첩의 자식이라 하
더라도 어찌 비천하다 하겠는가[旣入承大統 爲宗社神人之主矣 雖嬪御所
生 第十妾子 庸得卑之乎]."(「기해방례변」)라 하여 대통설을 주장하고
있다. 제왕이 대통을 이어 이를 승계하게만 되면 비록 그의 출신이
서자가 아니라 열 번째 첩자라 하더라도 제왕으로서 예우하여야 한
다는 주장이다. 그리하여 그는 당색을 초월하여 우암·미수의 두 설
도 아랑곳없이 참신한 신설을 주장하고 있다. 여기에 다산의 면모가
갖추어져 있음을 볼 수가 있다. 여기서도 우리는 또 한 번 다산의 학
문적 양식이 빛나고 있음을 알고 넘어가야 할 것이다.

둘째는 백호 윤휴의 경전주해를 들 수가 있다.

백호 윤휴(1617~1680)는 기해복제(己亥服制) 문제에 있어서도 미
수 허목(1595~1682)·고산 윤선도(1587~1671) 등 남인계열에 가담

하여 우암 송시열(1597~1689)과 통렬한 논쟁을 벌였을 뿐만이 아니라 『중용』・『대학』 등 여러 경서의 주해를 쓸 때 고봉・퇴계・율곡・우계의 설을 비판하였다. 뿐만이 아니라 주자의 설마저도 안중에 두지 않고 일가를 세운 데 대하여 못마땅하게 여긴 우암은 마침내 그를 사문난적(斯文亂賊)이라 하여 그의 학문의 자유를 질식시켜 버리려고 하였다. 후일 서계 박세당(1629~1703)도 우암과는 서로 당색이 같았음에도 불구하고 백호와 함께 사문난적의 화를 입었으니 이로부터 주자학 일색의 암흑시대를 맞게 된 것이다.

이렇듯 학문의 자유가 정치적으로 탄압을 받게 된 불행한 사태는 가시지 않은 채 거의 1세기를 거칠 무렵 다산의 육경사서학(六經四書學)이 나오게 된 것이다. 그러나 다산이 그의 육경사서와 일표이서를 마무리한 후,

> 아는 자는 적고 꾸짖는 자는 많으니 천명이 허락하지 않는다면
> 비록 이를 한 개비의 횃불로 태워버린들 어찌하리.

라 하였으니 다산시대에는 비록 백호 때처럼 사사(賜死)의 극한 상태까지는 가지 않았다 하더라도 암흑시대의 압박감에서 아주 풀렸다고 볼 수는 없었을는지 모른다. 오직 학문적 양식과 신념과 용기만이 시대를 초월하여 백호(白湖)・서계(西溪)・다산(茶山) 등 세 사람은 서로 통하고 있음을 우리는 여기서 똑똑하게 읽을 수가 있는 것이다. 이 세 사람 사이에 학문적 내용 면에 있어서도 일맥상통하는 바가 있는지 없는지의 여부는 앞으로 우리들이 풀어야 할 중요한 과제의 하나가 아닐 수 없다.

셋째로는 회니(懷尼)문제를 들 수가 있다. 이 문제는 복상문제와 경전주해의 뒤를 이어 미촌(美村) 윤선거와 우암(尤庵) 송시열, 그리고 윤선거의 아들 윤증 사이에서 벌어진 또 다른 형태의 격렬한 싸움이었으므로 여기서는 이를 생략하고 곧 다산 당시에 있어서의 정치적 배경에 대하여 간단히 언급하고 넘어가는 것이 좋을 것 같다.

숙종시대를 고비로 하여 가장 격심한 당쟁을 체험했던 영조는 즉위하자마자 탕평책을 내세워 당쟁의 종식을 종용하였다. 영조의 탕평책은 주로 서인 중 노·소의 싸움을 말리려는 데 힘을 기울였기 때문에 남인의 정치적 지위개선으로 보아서는 그다지 바람직하지 못했던 것이다.

그러나 정조(1771~1800) 때를 맞아 비로소 남인이 기용되기는 하였지만 사도세자 사건 이후 시(時)·벽(僻) 양 파가 갈라지면서 새로운 외척의 세도정치가 양성되기에 이르렀던 것이다.

영조 38년에 장헌세자, 즉 사도세자가 폐위되고 서인으로서 뒤주 속에서 아사한 임오사건이 있자 세자를 동정하는 시파와 세자를 더욱 공격하는 벽파가 갈라져 나왔다. 시파에는 대부분 남인계통이 많았고 벽파에는 주로 노론계통이었다. 정조가 즉위하여 남인계통의 시파를 가까이하면서 그들을 기용한 것은 이런 연유 때문이니 다산의 등용도 그러한 배경에 힘입은 바였음은 다시 말할 나위도 없다.

그러나 정치의 부침은 조석을 기약할 수 없음인지 정조가 죽고 영조의 계비인 벽파계 김씨가 수렴첨정하게 되자 정치적 판국은 일변하였다. 신유교옥(辛酉敎獄) 사건은 남인계 시파의 몰락을 알리는 신호였음은 저간의 소식을 짐작하게 하고도 남음이 있는 것이다.

그러나 정조 시대는 비록 20년이라는 짧은 기간이었지만 그 사이에 있어서의 남인 시파의 기용은 새로운 학풍의 진작을 위하여 크게 기여하였고 다산학의 산고도 신유년(1800)을 중심으로 한 전후 30년 사이에 이루어졌다는 사실은 당시의 정치적 정세로 보아서 결코 우연이 아니었음을 짐작하게 한다.

제2절 사회경제적 현상

왜란(1592~1598)과 호란(1636~1637)이라는 엄청난 난리를 연거푸 두 번씩이나 치른 나라 안살림[경제]은 말이 아니었으니 이 때문에 파생된 현상이 소위 삼정의 문란이다. 이는 민생고의 원천이요 경세실학파 대두의 배경이기도 했던 것이다.

삼정이란 전정·군정·환곡을 말한다. 농경국가에서 이 삼정의 문란은 국가재정의 기반을 흔들어버린 결과가 된다. 동시에 사회불안의 요소도 그 안에서 빚어지게 되었던 것이다. 수차의 전란으로 말미암아 농경지가 태반 황폐해진 데다가 궁방전·둔전 등의 면세지와 귀족 토호들의 숨겨진 은결(隱結), 즉 대장에서 누락된 땅의 증가로 인하여 국고수입의 감소를 초래하게 하는 등 전정은 문란했다. 상대적으로 불쌍한 농민들의 부담만 가중하였으며 탐관오리들은 황폐한 토지에까지 세금을 부과하는 소위 백지징세(白地徵稅)도 있었으니 가위 농정부재의 현상이 아닐 수 없다.

당시의 군정은 장정이 병역을 치르는 대신 군포를 내던 제도였는데 원래 양반 아전 관노들은 이러한 병역에서 면제되었고 악독한 서리들의 행패는 자심하여 소위 황구첨정(黃口簽丁), 백골징포(白骨徵布)에까지 이르니 백성들의 고통은 헤어날 길이 없게 되었던 것이다.

다산은 『목민심서』 권8 첨정조에서,

이 법을 고치지 않으면 백성들은 모조리 죽고야 말 것이다.

라 하였고 그리하여 아이 낳기를 꺼려한 한 사나이가 자기의 양경(陽莖)을 자른 사실을 슬퍼한 다산의 「애절양(哀絶陽)」 시는 처절할 따름이다.

갈밭마을 젊은 여인 울음도 서러워라
현문 향해 울부짖다 하늘보고 통곡하네
군인남편 못 돌아옴은 있을 법한 일이지만
자고로 남절양(男絶陽)은 들어보지 못했노라
시아버지 삼년상은 끝난 지 오래되고
갓난아이 배냇물도 마르기 전에
삼대의 이름이 군적에 실려 있네
달려가서 억울함을 호소하려도
범 같은 문지기 버티어 있고
이정이 호통하여 단벌 소만 끌려갔네
남편 문득 칼을 갈아 방안으로 뛰어들자
붉은 피 자리에 낭자하구나
스스로 한탄하네 '아이 낳은 죄로구나'
……
부자들은 한평생 풍악이나 즐기면서
한 알 쌀, 한 치 베도 바치는 일없으니
다 같은 백성인데 이다지도 불공한고
시름겨워 객창에서 시구편(鳲鳩篇)을 읊노라.

蘆田少婦哭聲長 哭向縣門號穹蒼 夫征不復尙可有 自古未聞男絶陽 舅喪

已縞兒未澡 三代名籤在軍保 薄言往愬虎守閽 里正咆哮牛去皁 磨刀入
房血滿席 自恨生兒遭窘厄……
豪家終歲奏管弦 粒米寸帛無所捐 均吾赤子何厚薄 客窓重誦鳲鳩篇
(같은 책)

환곡의 문란은 보다 더 심한 바가 있었으니 본래 가난한 빈민을
구제하기 위하여 미곡을 대여해 주었다가 가을에 이자를 붙여 받아
들이는 제도였는데도 불구하고 본 취지와는 너무도 동떨어진 폐단
이 생겨 탐관오리들의 부정부패의 온상이 되었다.

다산은 그의 『목민심서』에서 다음과 같이 비판하고 있다.

요즈음 환상법(還上法)은 하늘과 땅처럼 다르다. 폐(弊) 위에 폐
가 생기고 난(亂) 위에 난이 첨가되어 구름처럼 변하고 귀신처
럼 새어 버리며 모래가 꿈틀거리듯, 파도가 용솟음치듯 하여 천
하에서도 캐서 알 수 없는 것이 되었다. 상부에서 쓰는 경비를
보충하는 것이 10분의 1이요 여러 아문에서 소관하는 것을 지
급하는 것이 10분의 2요 군현의 소리들이 번롱판매(翻弄販賣)하
여 장사한 이득으로 만드는 것이 10분의 7이니 한 톨의 양식도
농민들은 일찍이 그 꼬투리조차도 본 적이 없는데 스스로 미곡
이나 속을 실어다가 바치되 1년이면 천만 석이 되니 이는 부렴
(賦斂)이지 어찌 진대(販貸)라 할 있겠는가. 이는 늑탈(勒奪)이지
어찌 부렴이라 할 수 있겠는가(「호전」곡부).

이렇듯 삼정의 문란은 민생으로 하여금 도탄에 빠져 기아선상에
서 허덕이게 하였으니 당시의 참상을 다산은 기민시(飢民詩)를 지어
형상해 놓고 있다.

마른 목은 구부러져 따오기 모양이요
병든 살갗 주름져 닭살 같구나

우물은 있다마는 새벽 물 긷지 않고
땔감은 있다마는 저녁밥 짓지 못해
사지는 아직도 움직일 때이련만
걸음걸이 혼자서 옮길 수 없네
해 저문 넓은 들에 부는 바람 서글픈데
슬피 우는 기러기 어디 메로 날아가나
……
슬피 울며 고을 문 나서고 보니
어지럽고 캄캄하여 갈 길이 안 보이네
누런 풀 언덕 위에 잠시 발 멈추어서
무릎을 펴고 앉아 우는 것 달래면서
고개 숙여 어린 것 서캐를 잡노라니
두 줄기 눈물이 비오듯 쏟아지네

槁項頻鵠形 病肉縐鷄皮 有井不晨汲 有薪不夜炊
四肢雖得運 行步不自持 曠野多悲風 哀鴻暮何之
……
哀號出縣門 眩旋迷路岐 暫就黃莎岸 舒膝挽啼兒
低頭捕蟣蝨 汪然雙淚垂

이러한 상황에 다산은 조선조에 발기한 민란을 예견했으니 『목민
심서』 병전에서,

요 몇 해 사이, 부역이 번거롭고 과중한 데다가 탐관오리들의
잔학함이 심하여 백성들이 편히 살 수가 없게 되었다. 그리하여
모두가 난리라도 났으면 좋겠다고 생각하는 바람에 요망스런
소문이 동쪽지방에서 일면 서쪽지방에서 맞받아 응하니, 이들을
모두 법에 따라 죽인다면 백성들 중 살아남을 자가 한 사람도
없을 것이다(응변)[近年以來 賦役煩重 官吏肆虐 民不聊生 擧皆思亂
妖言妄說 東唱西和 照法誅之 民無一生](應變).

라 하였다. 급기야 진주민란을 비롯하여 지방의 대소민요(大小民擾)가 연달아 일어나 1894년 갑오동란으로 이어졌으니 1세기 앞선 다산의 예견이 적중하고 있음을 본다.

제3절 신학풍의 대두

　다산이 태어난 영정시대는 조선조 백년을 통하여 세종조 다음으로 두 번째 맞는 문예부흥기로 보는 견해도 있다. 그만큼 이 시기에 대두된 새로운 학풍은 오직 다산학 집대성을 위한 배경을 이룬다.

　이 시기에 있어서의 신학풍은 당시에 있어서의 정치적 경색과 사회적 불안과 경제적 궁핍 속에서도 오히려 그것들에 대한 반대급부적 광구책(匡救策)으로서의 의미를 갖는다.

　조선조 건국이념, 나아가서는 지도적 정치이념은 유학, 특히 성리학, 달리 말하면 주자학이었다. 그러나 초기에 이미 지치주의적(至治主義的) 실천유학이 기묘사화(1519)를 계기로 하여 거세되자 이론유학으로서의 주자학이 크게 떨침으로써 유학은 수성지학이 되어서 관념화의 길을 밟게 되었다. 그러므로 그들은 실천궁행보다는 이기논쟁에 보다 더 깊이 몰입하고 말았던 것이다. 이로써 민생을 위한 정치는 한낱 구두선(口頭禪)에 지나지 않았던 것이다.

　이러한 시기에 경세실학의 싹이 트게 된 것은 실로 역사적 필연이 아닐 수 없다. 영정시대의 신학풍이 경세실학으로서 제일의적 의미를 갖추게 된 것도 결코 우연이 아니었음은 이로써 알 수가 있다. 이에 그의 특징을 몇 가지 간추려보면 다음과 같다.

첫째, 제도개혁의 구체적 방안을 제시한 점을 들 수가 있다. 그의 선구적인 저술로서는 『반계수록』을 들 수 있으며 『주례(周禮)』를 본뜬 다산의 『방례초본』(『경세유표』)도 그의 개혁정신의 발로로써 이루어진 저술임은 다시 말할 나위도 없다.

이러한 제도의 개혁 중에서도 가장 중요한 것이 전제의 개혁일 것이다. 유형원의 공전론(公田論)·이익의 균전론(均田論)·박지원의 한전론(閒田論)·정약용의 여전론(閭田論) 등 많은 토지개혁론이 거론된 것도 농경국가의 제도개혁으로서 중요한 의미를 갖는 것이라 하지 않을 수 없다.

둘째, 외래문물의 도입을 위하여 개방적인 태도를 취하였다. 보수적인 숭명론자들은 청조문물의 도입을 거부 또는 기피하는 태도를 취하고 있을 때 그들은 국리민복을 위하여 과감히 청조문물을 받아들일 것을 주장하였으니 박지원의 『열하일기』나 박제가의 『북학의』와 같은 저술은 그의 대표적인 것이 아닐 수 없다. 이들은 한데 묶어서 북학파라 한다. 북학이란 "북쪽 중국에서 배운다[北學于中國]"는 것을 의미하기 때문인 것이다.

셋째, 실사구시적 실증주의에 입각하지 않은 사리를 배격하였다. 이는 소위 고증학과 경험론의 배경을 이루는 것으로서 김정희의 금석학이나 최한기의 경험론은 이러한 측면에서 우러나온 것이다.

이들을 대체로 경세치용학파·이용후생학파·실사구시학파로 3분하는 것을 통례로 삼고 있다. 다산이 이 세 학파를 집대성한 것으로 간주하고 있기는 하지만 다산에게 있어서는 또 다른 일면이 있음을 여기서 상기하지 않을 수 없다. 그것은 다름 아닌 경학에 있어서의 수사학의 재확인인 것이다.

조선조 유학은 퇴계 이황(1501~1570)과 고봉 기대승(1527~1572) 사이에 있었던 이기사칠논변(理氣四七論辨)을 출발점으로 하여 양대 학파를 형성하기에 이르렀지만 그들은 주자학을 고수하거나 아니면 주자학의 세계에서 그리 멀리 벗어나지 못했던 것이다. 주자학만을 금과옥조로 섬긴 끝에 이를 비판하는 자를 사문난적으로 모해하는 풍조 속에서 새로운 학설 또는 학풍을 진작시킨다는 것은 마치 범의 굴속에서 자신을 보호하는 것과 같은 조바심과 용기가 뒤따라야 하는 일이 아닐 수 없다. 다산이 수사학을 다시금 일으킨 것은 백호가 사사된 지(1680) 1세기 정도밖에 되지 않은 시기로, 당쟁은 시·벽 싸움으로 옮겨져 서로 헐뜯고 서슬이 시퍼렇던 때였음을 우리는 잊어서는 안 될 것이다.

흔히 영정시대의 신학풍을 논하는 사람들 중에는 경세실학의 측면만을 두드러지게 내세우고 경학의 측면을 그대로 간과해 버리는 경우가 많다. 그럴 수밖에 없는 일면이 없지도 않다. 왜냐하면 이 시절에 있어서 경세학과 경학을 겸비하여 자기의 학문을 정립한 자는 오직 다산 한 사람에 의한 다산학이 있을 따름이기 때문이다. 그러한 의미에서도 영정시대에 있어서 다산경학이 차지하는 의의와 비중은 실로 막중함을 알아야 할 것이다.

유교로 나라를 세운 조선조 5백년을 통하여 다산에 의하여 비로소 전통적인 주자학의 세계에서 벗어난 후 수사학의 옛 모습을 되살리고 그것이 영정시대에 개신유학의 새로운 거점을 이루게 된 사실은 오로지 이 시기를 경세실학의 측면에서만 관찰하고자 하는 이들에게 있어서는 경이적인 사실이 아닐 수 없다. 더욱이 다산경학은 그것이 원시유교에의 복고라는 점에 있어서도 르네상스적인 의미가 있으며 그것이 경세실학의 이론적 뒷받침이 된다는 점에 있어서도 우리의 관심을 모으고 있다. 그러므로 다산학의 고구(考究)에 있어서는 경세학인 일표이서에 앞서 육경사서의 연구가 선행되어야 함은 다름 아니라 언제나 경학은 경세학(經世學)의 기초학이 되어야 하기 때문인 것이다.

제 2 장

생애와 저술

제1절 가계와 일생

　다산 정약용은 영조 38년(1762) 6월 16일 광주 마현(馬峴, 마재)에
서 태어났다. 헌종 2년(1836) 2월 22일 고향에서 임종하니 수(壽)는
75이었다. 자는 미용(美庸) 또는 송보(頌甫)라 하고 호는 사암(俟菴)을
비롯하여 탁옹(籜翁), 태수(苔叟), 자하도인(紫霞道人), 철마산인(鐵馬山
人) 등 많다. 그러나 '다산'은 그의 대표적 아호로서 강진 다산초당
시절을 기리는 뜻에서도 애칭되고 있다. 당호는 '여유(與猶)'인데 『노
자』의 '마치 겨울에 개울을 건널 때 머뭇거리는 것과 같고, 사방을
두려워하는 듯 망설이다[與兮若冬涉川 猶兮若畏四隣]'(15장)에서 '조심
조심 머뭇거린다'는 뜻을 취하였다. 살기 어려운 세상을 살아나가는
뜻이 담겨 있는 것으로 느껴진다.

　아버지 재원(載遠)은 음사(蔭仕)로 진주목사를 지냈고 어머니는 해
남 윤씨로 공재(恭齋) 윤두서(尹斗緖)는 그의 외증조다. 정씨의 본관
은 압해니 현 신안군 소속이요 옛날에는 나주목 관내였다. 고려 말
에는 황해도 백천에 살다가 이씨조선이 자리 잡히자 한양으로 옮겨

줄줄이 8대를 옥당에 들어갔다. 승문교리 자급(子伋), 홍문관부제학 수강(壽崗), 병조판서 옥형(玉亨), 의정부좌찬성 응두(應斗), 대사헌 윤복(胤福), 강원도관찰사 호선(好善), 홍문관교리 언벽(彦璧), 병조참의 시윤(時潤) 등 8명이 그들로서 다산은 평소에 '팔대옥당(八代玉堂)'을 인각하여 그의 가문을 과시하기도 하였다.

그 후 시절이 비색(否塞)하여 마현으로 이사 가서 살면서 고조·증조·조부 3대는 포의로 끝났고 증조만은 진사가 되었을 따름이다.

그의 가계는 대강 그러하지만 다산은 5남 가운데 넷째로서 약현·약전·약종은 그의 형들이고 밑으로 서제(庶弟) 약광이 있다. 맨 처음 연경에서 천주교 세례를 받은 이승훈은 그의 매부가 된다.

다산의 생애는 그의 나이 40이 되던 1801년 신유 동짓달에 강진으로 귀양 떠난 시기를 전후로 하여 순역이 반반으로 나누어진다. 전반생은 정조의 총애가 지극했던 득의의 시절이었지만 후반으로 접어들면서 그의 역경(逆境)의 환난시절은 시작되었다. 그러나 그의 『여유당전서』76책(500권에 수록)은 거의 그의 역경시절에 쓴 저술이었음을 우리는 잊어서는 안 될 것이다.

22세 때 경의초시에 합격하여 진사가 되었고 28세 때 문과에 급제한 후로 벼슬이 점점 올라가 마지막 벼슬은 부승지까지 이르렀다. 부승지는 정3품 당상관으로서 요즈음 중앙청 국장급 또는 차관급에 해당한다. 정조를 측근에서 모시는 동안에 몇 가지 중요한 사항이 있었다. 즉 임자(1792) 4월에는 수원성제의 설계를 하명받아 기중기와 활차를 이용하여 경비 3만 냥을 절약하게 하였다. 현재 복원된 수원성에서 그 옛 모습을 찾아볼 수가 있다. 수원성은 특히 정조의 친아버지인 장헌(사도)세자의 융릉이 있는 곳이라 정조의 한 맺힌

정성이 깃들어 있다는 점에서도 다산에게 정조가 그 설계를 하명한 것은 각별한 배려였음이 짐작된다.

두루 내직을 거치는 동안 갑인년(1794) 10월에는 갑자기 경기암행어사의 내명을 받았다. 전의(典醫) 강명길(康命吉, 『제중신편(濟衆新編)』의 저자)이 삭령군수로 있으면서 왕의 총애를 믿고 횡포가 극심하므로 그를 가차 없이 처단하였다. 얼마 되지 않아서 겨울이 되자 다시 돌아와 정조의 측근에 있으면서 병조참의로 있을 무렵 을묘년(1795) 중국인 신부 주문모의 잠입사건이 터지자 금정찰방[종6품]으로 좌천되었다. 다산이 좌천된 데에는 소란한 국정의 와중에서 잠시 피해 있도록 한 정조의 깊은 뜻이 스며 있었던 것으로 전해지고 있다.

다산이 맨 처음 서서(西書, 외국서적), 그중에서도 서교[천주교]의 책을 읽은 것은 마현(馬峴)에서 서울로 오는 길목인 두미협의 배 안에서 광암 이벽에게서 얻어 본 것이 발단이었다. 때는 갑진년(1784), 그의 나이 23세 때의 일이다. 이때의 '견서교(見西教)'는 하염없는 독서가의 취미 정도였던 것으로서 이를 두고 그가 서교에 입교한 것으로 간주할 수는 없을 것이다. 정조의 권우를 입은 지 십 수 년 동안 왕과 더불어 시문을 읊고 논하기를 수없이 하였으나 여기에다 다 기록할 겨를이 없고 정조 승하 직전인 경신년(1800) 6월 2일에 못내 다산을 만나고 싶었던 정조는 다산에게 서찰과 한서를 보냈다. 이 사실을 그는 그의 「자찬묘지명」에 다음과 같이 기록하고 있다.

여름 6월 12일 달밤에 한가로이 앉았는데, 문득 문을 두드리는 소리가 나므로 맞아들이니 곧 내각의 서리였다. 『한서선(漢書選)』 10건을 가지고 와서 하유(下諭)를 전하였는데, 그 내용은 "오래 도록 서로 보지 못하였으므로 그대를 불러 서적을 편찬하려 한다. 주자소(鑄字所)를 새로 개수하여 벽이 아직 마르지 않았다. 그믐께라야 들어와서 경연(經筵)에 나올 수 있을 것이다" 하며, 자상히 위문해 주셨다. 또 이르기를, "이 『한서선』 5건은 가전물(家傳物)로 남겨두고, 5건은 제목을 써서 도로 들여보내는 것이 좋겠다" 하였다. 내각의 서리가 말하기를, "하유하실 때에 안색이 몹시 그리워하시고 사지(辭旨)가 온순하였으니, 특이한 일이었습니다" 하였다. 서리가 나간 뒤에 감격하여 눈물을 흘리고 마음이 동요되어 스스로 편안치 못하였다. 그 이튿날부터 임금의 안후(安候)가 편치 못하여 28일에 이르러 마침내 승하하였다[夏六月十二日 方月夜閒坐 忽有叩門聲納之 乃內閣吏也 持漢書選十件來傳 下諭曰 久不相見欲召爾 編書鑄字所新改壁泥 晦間始可來登筵也 慰藉備至 且曰是書五件 留作家傳物 五件書題目還入之可也 閣吏言 下諭時 顏色眷戀辭旨溫諄特異也 吏旣出 感激涕泣 心動不自安 自厥明日 玉候愆和 至二十八日 天竟崩矣].

이렇듯 정조와의 지극한 사이가 정조 훙거(薨去)와 더불어 곧장 신유교옥이 일어나자 고난의 후반생으로 이어진다. 그의 후반생은 강진 18년과 향리 17년으로 나누어지지만 벼슬과는 아랑곳없이 유유자적 저술과 벗 삼으며 여생을 마친 것으로 되어 있다.

다산의 강진 18년은 둘로 나눠진다. 초기 8년은 읍내에 있었으니 동문(東門) 밖 주가(酒家)에서 보은산방(寶恩山房)을 거쳐 목리(牧里)에 있는 이학래가(李鶴來家)로 옮겨 살았고 후기 10년은 도암면 귤동 다산초당(茶山草堂)에서 지냈다. 다산초당은 만덕산 중턱에 있으며 강진만을 한눈에 내려다볼 수 있다. 산 너머에는 백련사(白蓮寺)로 일컬어지기도 하는 만덕사(萬德寺)가 있고 여기서 멀지 않은 곳에 대둔산 대흥사가 자리 잡고 있어서 초의(草衣)·혜장(惠藏) 등의 고승과 자주 접촉한 것으로 알려지고 있다. 귀양이 풀려 고향으로 돌아올 때 이곳에 남겨둔 제자 18인으로 하여금 다신계(茶信契)를 조직하게 하여 마치 동창회와 같은 구실을 하게 하고 초당도 가꾸어 놓게 하였건만 그가 떠난 지 1백 년도 채 못 되어 초당은 퇴락하고 말았다. 1970년대에 이르러 비로소 초당이 복원되어 옛 모습을 방불하게 해 놓았다. 이로부터 다산의 유덕을 추모하는 방문객들의 발길도 잦다.

제2절 저술

　다산의 저술은 양적으로 방대하여 그 수를 500여 권으로 헤아리므로 현상윤은 그의 『조선유학사』에서 "편질(篇帙)의 호대(浩大)한 것이 나려(羅麗) 이래 미증유한 것이어서 이조문화사상에 일대 위관(偉觀)을 보이고 있다"고 하였으니, 이를 대충 적어 보면 다음과 같다.

　『모시강의(毛詩講義)』 12권, 『강의보(講義補)』 3권, 『매씨상서평(梅氏尚書平)』 9권, 『상서고훈(尚書古訓)』 6권, 『상서지원록(尚書知遠錄)』 7권, 『상례사전(喪禮四箋)』 50권, 『상례외편(喪禮外篇)』 12권, 『사례가식(四禮家式)』 9권, 『악서고존(樂書孤存)』 12권, 『주역사전(周易四箋)』 24권, 『역학서언(易學緖言)』 12권, 『춘추고징(春秋考徵)』 12권, 『논어고금주(論語古今註)』 40권, 『맹자요의(孟子要義)』 9권, 『중용자잠(中庸自箴)』 3권, 『중용강의보(中庸講義補)』 6권, 『대학공의(大學公議)』 3권, 『희정당대학강의(熙政堂大學講義)』 1권, 『소학보전(小學補箋)』 1권, 『심경밀험(心經密驗)』 1권, 『시문집(詩文集)』 70권, 『경세유표(經世遺表)』 32권, 『목민심서(牧民心書)』 48권, 『흠흠신서(欽欽新書)』 30권, 『아방

강역고(我邦備禦考)』 30권, 『강역고(彊域考)』 10권, 『전례고(典禮考)』 2
권, 『대동수경(大東水經)』 2권, 『소학주관(小學珠串)』 3권, 『아언각비
(雅言覺非)』 3권, 『마과회통(麻科會通)』 12권.

이상의 중요 저술들의 저술 연대를 연보에 의하여 기록해 보면 다
음과 같다.

정조 8년 1784 갑신 23세, 『중용강의』

정조 13년 1789 기유 28세, 『대학강의』

정조 16년 1792 임자 31세, 『수원성제(기기도설)』

정조 19년 1795 을묘 34세, 『서암강학기』, 『도산사숙록』

정조 21년 1797 정사 36세, 『마과회통』

정조 24년 1800 경신 39세, 『문헌비고간오』

순조 원년 1801 신유 40세, 『이아술』, 『기해방례변』

순조 2년 1802 임술 41세, 『단궁잠오』, 『조존고』

순조 5년 1805 을축 44세, 『정체전중변(기해방례변 완성)』

순조 7년 1807 정묘 46세, 『상례사전』, 『상구정』

순조 8년 1808 무신 47세, 『다산문답』, 『다산제생증언』, 『제례고
정』, 『주역심전』 24권, 『독역요지』 18권, 『역례비석』, 『주역전해』, 『역
학서언』 12권, 『춘추궁점보주』

순조 9년 1809 기사 48세, 『상례사전』, 『상복상』, 『시경강의산록』

순조 10년 1810 경오 49세, 『시경강의보』, 『관례작의』, 『가례작의』,
『소학주관』

순조 11년 1811 신미 50세, 『아방강역고』, 『상기별상례사전』

순조 12년 1812 임신 51세, 『민보의』 3권, 『춘추고징』 12권

순조 13년 1813 계유 52세, 『논어고금주』 40권

순조 14년 1814 갑술 53세, 『맹자요의』 9권, 『대학공의』 3권, 『중용자잠』 9권, 『중용강의보』, 『대동수경』

순조 15년 1815 을해 54세, 『심경밀험』, 『소학지언』

순조 16년 1816 병자 55세, 『악서고존』

순조 17년 1817 정축 56세, 『상의절요』, 『방례초본(경세유표)』

순조 18년 1818 무인 57세, 『목민심서』 48권, 『국조전례고』

순조 19년 1819 기유 58세, 『흠흠신서』, 『아언각비』

순조 20년 1820 병신 59세, 『사대고례산보』, 『목민심서』 서

순조 22년 1822 임오 61세, 『자찬묘지명』, 『육향지제』

순조 34년 1834 갑오 73세, 『상서고훈』·『지원록』 합편 21권, 『매씨서평』

이상 저술들을 정리하여 다산선생 서거 1백 주년 사업의 하나로서 1934~38년 사이에 신조선사간으로 『여유당전서』 76책을 발간하였다. 그 저술의 규모를 일별하면 다음과 같다.

제1집 시문집 25권 12책

제1책 제1권 부 2수, 시 고금체 277수 제2권 시 고금체 253수

제2책 제3권 시 고금체 285수 제4권 시 고금체 280수, 사언시 10수 제5권 시 고금체 264수, 사언시 20수

제3책 제6권 시 고금체 539수, 사언시 1수, 육언시 1수 제7권 시 고금체 533수, 사언시 3수

제4책 제8권 문 대책 9편 제9권 책문 13편, 의 9편, 소13편, 차 자

3편

제5책 제10권 원 7편, 설 19편, 계 6편, 장 8편 제11권 논 50편

제6책 제12권 논 15편, 변 20편, 잠 10편, 명 15편, 송 2편, 찬 14편, 서 12편 제13권 서 44편, 기 29편

제7책 제14권 기 33편, 발 54편, 제25편 제15권 서 19편, 묘지 명 5편

제8책 제16권 묘지명 19편 제17권 묘지명 1편, 묘표 5편, 비명 2편, 제문 14편, 뢰 1편, 유사 6편, 행장 2편, 전 5편, 기사 3편, 증언 13편

제9책 제18권 증언 4편, 가계 9편, 서 101편, 제19권 서 57편

제10책 제20권 서 32편, 제21권 서 26편, 서암강학기

제11책 제22권 도산사숙록, 잡문 9편, 여문 7편, 잡평 10편, 산수심원기 제23권 문헌비고간오

제12책 제24권 아언각비, 이담속찬 제25권 소학주관

제2집 경집 48권 24책

제1책 제1권 대학공의 제2권 대학강의·소학지언·심경밀험·심성총의·주자양심설 외 6편

제2책 제3권 중용자잠1 제4권 중용강의보1

제3책 제5권 맹자요의 서설 제6권 맹자요의 이루

제4책 제7권 논어고금주·원의총괄 제8권 논어고금주 팔일하

제5책 제9권 논어고금주 옹야중 제10권 논어고금주 태백하

제6책 제11권 논어고금주 향당2 제12권 논어고금주 안연

제7책 제13권 논어고금주 헌문 제14권 논어고금주 위령공

제8책 제15권 논어고금주 계씨 제16권 논어고금주 미자

제9책 제17권 시경강의 총론 제18권 시경강의 제계명

제8책 제15권 상례사전 상기별 제16권 상례사전 상기별

제9책 제17권 상례외편 단궁잠오 제18권 상례외편 단궁잠오

제10책 제19권 상례외편 고례영언 제20권 상례외편 국조전례고

제11책 제21권 상례절요 제22권 상례절요·제례고정

제12책 제23권 가례작의 예의문답 제24권 풍수집의

제4집 악집 4권 2책

제1책 제1권 악서고존 존육률여오성부동 제2권 악서고존 변십이율 격팔상생지설여 상생하생지설불합

제2책 제3권 악서고존 사율유삼기육평 제4권 악서고존 사십이금슬지제

제5집 정법집 39권 19책

제1책 제1권 경세유표 인 제2권 경세유포 하관병제

제2책 제3권 경세유포 천관수제 제4권 경세유포 천관수제

제3책 제5권 경세유표 지관수제 제6권 경세유포 지관수제

제4책 제7권 경세유표 지관수제 제8권 경세유표 지관수제

제5책 제9권 경세유표 지관수제 제10권 경세유표 지관수제

제6책 제11권 경세유표 지관수제 제12권 경세유표 지관수제

제7책 제13권 경세유표 지관수제 제14권 경세유표 균역사목추의 제15권 경세유표 춘관수제

제8책 제16권 목민심서 자서 제17권 목민심서 율기

제9책 제18권 목민심서 봉공 제19권 목민심서 이전

제10책 제20권 목민심서 세법 제21권 목민심서 호전

제11책 제22권 목민심서 권농 제22권 목민심서 변등

제12책 제24권 목민심서 병전 제25권 목민심서 형전

제13책 제26권 목민심서 제해 제27권 목민심서 공전

제14책 제28권 목민심서 진황 제29권 목민심서 진황

제15책 제30권 흠흠신서 경사요의 제31권 흠흠신서 비상준초

제16책 제32권 흠흠신서 비상준초 제33권 흠흠신서 의율차례

제17책 제34권 흠흠신서 상형추의 제35권 흠흠신서 상형추의

제18책 제36권 흠흠신서 상형추의 제37권 흠흠신서 상형추의

제19책 제38권 흠흠신서 상형추의 제39권 흠흠신서 상형추의

제6집 지리집 8권 4책

제1책 제1권 강역고 조선고 제2권 강역고 변진별고

제2책 제3권 강역고 졸본고 제4권 강역고 발해속고

제3책 제5권 대동수경 녹수 제6권 대동수경 독노수

제4책 제7권 대동수경 살수 제8권 대동수경 패수

제7집 의학집 6권 3책

제1책 제1권 마과회통 서 제2권 마과회통 원증편

제2책 제3권 마과회통 변사편 제4권 마과회통 오견편

제3책 제5권 마과회통 합제편 제6권 마과회통 합제편의령

이상은 다산학 연구의 결정판이다. 입문의 길은 여러 갈래일 수는 있지만 승당입실(升堂入室)하게 되면 모두가 다산학의 광장에 도달하게 될 것이다.

다소 지루하겠지만 입문학도의 참고를 위하여 1973~74년 사이에 다산학회편으로 간행된 『여유당전서보유』 5책의 목차를 다음에 기록으로 남겨두고자 한다. 진위 여부는 아무도 책임질 수 없으나 후일의 구안지사(具眼之士)를 위해서인 것이다.

제1책 1. 다암시첩 2. 죽란유태집 3. 진주선 4. 동원수초 5. 열수문황

제2책 1. 일기─금정일기, 죽란일기, 규영일기, 사주일기 2. 잡저─다산만필, 아언지가, 혼돈록, 아언각비보유, 여유당잡고, 청관물명고 3. 교육─교치설, 불가독설아학편, 제경 4. 불교─대동선교고, 만일암지 5.역사─동언언잡식압해정씨가승, 동남소사

제3책 1. 정법편─명청록, 흠전, 산제령(령 영(令)화 2. 국방편─민보의, 상토지, 군제고, 비어촬요, 일본고, 한병, 외이, 토적고

제4책 1. 수학편─개고소류 2. 잡찬편─여절지남, 서의, 역의, 임자세제도태양출입주야시각

제5책 1. 경학편─상서지원록, 광효론, 독례통고전주, 주역잉길, 시경강의속집

제 3 장

육경사서학

육경사서학(六經四書學)은 주자의 칠서[七書, 사서삼경(四書三經)]학에 갈음하는 다산학의 기초학으로서 이를 생략하여 경서학 또는 경전학이라 하며 더 줄여서 경학이라 한다. 다산경학에는 주자경학보다는 예·악·춘추의 삼경이 더해 있다.

모든 학문이 다 그러하듯이 다산학에 있어서도 경학은 경세학의 기초학이니만큼 경학으로 하여금 경세학에로의 지름길이 되도록 해야 할 것이다. 그럼에도 불구하고 경세학에 치중한 나머지 경학을 소홀히 한다면 이는 마치 기초학을 거치지 않은 응용학에의 입문과 같아서 뿌리 없는 나무가 되고 말 것이다.

육경사서는 수기지학(修己之學)이요 일표이서는 치인지학(治人之學)으로서 표리일체가 되어 수기치인지학(修己治人之學)이 이룩되지만 선후를 가리자면 수기지학이 치인지학에 우선한다는 점에서도 무엇보다 먼저 경학에의 입문이 제일의적(第一義的) 의미를 갖게 된다.

그러므로 『여유당전서』의 편차에 따라서 다음에 이를 살펴보기로 한다.

제1절 대학

『대학』이란 책은 『중용』과 더불어 한나라 때 저작으로 알려진 『예기』라는 책 가운데 끼어 있던 한 편의 글이었다. 이것이 독립된 단행본으로 된 것은 주자가 이 두 책의 장구를 저술하여 『논어』·『맹자』와 함께 사서라 칭하고 유학의 기본 교과서로 삼게 된 데에서 비롯하였다. 주자는 『대학』 및 『중용』의 장구(주해서)를 저술하면서 거기에 자신의 학설을 아낌없이 듬뿍 실어 놓았을 뿐만이 아니라 『대학장구』에 있어서는 『고본대학』을 뜯어고쳐 놓고 이에 착간설(錯簡說)을 주장하였으며 그 사이를 메우기 위하여 대학보전(大學補傳)을 지었고 게다가 친(親)·신(新)·명(命) 삼오자설(三誤字說)을 주장함으로써 『대학』을 놓고 온통 자기의 뜻대로 조각조각 대수술을 감행했던 것이다.

이를 맨 먼저 못마땅하게 생각하고 주자의 설과 태도에 반기를 든 학자가 바로 왕양명이었음은 이미 학계에 널리 알려진 바와 같다. 그러나 우리나라에서 감히 왕자(王子)의 뒤를 따르는 자 없다가 겨우

서계 박세당(1629~1703)과 백호 윤휴(1617~1680) 등에 의하여 장
구를 비판하고 『고본대학』에 관심을 기울이다가 사문난적으로 몰린
후로는 한동안 잠잠했다. 그 후 다산에 의하여 『고본대학』이 다시금
제 명맥을 찾게 되었다고 보아야 할 것이다. 이렇듯 『고본대학』의
존중은 겉으로는 왕자의 설에 따른 것으로 되어 있으나 학리(學理)
상으로는 독자적인 대학경설을 펴고 있다는 점에 유의하여야 할 것
이다.

1. 대학지도

대학에 있어서 주자와 다산의 쟁점은 책이름 '대학'이라는 단어가
가지는 개념규정에서부터 첫 포문이 열린다. 주자는 그의 『대학장구』
서문에서,

> 『대학』이란 책은 옛날 대학에서 사람들을 가르치는 법을 다루
> 고 있다.……왕궁이나 국도로부터 항간에 이르기까지 학교가 없
> 는 곳이 없으므로 사람이 나서 8세가 되면 왕공의 자제로부터
> 서민의 자제에 이르기까지 가리지 않고 다 함께 소학에 들어가
> 게 하여 쇄소하고 응대하며 진퇴하는 절차와 예·악·사·어·
> 서·수 등 육예를 가르쳤고 15세가 되면 천자의 원자와 중자로
> 부터 공·경·대부·원사의 적자와 무릇 서민 중에서 준수한
> 자에 이르기까지 모두 다 대학에 입학하게 하여 이들에게 궁리·
> 정심·수기·치인의 도를 가르치게 하였으니 여기에 학교교육
> 에 있어서 대소의 절차가 나누어진 까닭이 깃들여 있다.

이러한 주자의 서문 속에 들어 있는 주자의 생각을 간추려 본다면
첫째, 옛날 중국 고대 학교제도는 소학과 대학으로 나누어지는데 교

과서 내용이 다름은 물론이거니와 입학연령(학령)에 차이가 있다는 것이다. 둘째는 입학자격에 있어서 선발기준상 천자의 원자 중자라든지 공·경·대부·원사의 적자라든지 범민 중의 준수한 자라는 제한이 있기는 하지만 신분의 귀천이 없이 입학할 수 있다는 점이다.

그러나 다산은 대학은 일반교육이 아니라 특수교육기관임을 다음과 같이 말하고 있다.

> 대학이란 국학이다. 冑子(주자, 태자)를 데리고 그에게 대학의 도를 가르침으로써 주자(冑子)의 도를 교육시키는 것이다(『대학공의』).

라 하여 이는 소위 주자, 곧 왕자를 위한 특수교육임을 분명히 하였고 「자찬묘지명」에서는 좀 더 구체적으로,

> 대학이란 주자(冑子)와 국자(國子)의 학궁이다. 주자나 국자는 하민(下民)을 지배하며 이들을 통치해야 하는 책임이 있는 까닭에 이들에게 치평의 술을 교육해야 할 것이니 서민 따위들의 자제들은 여기에 관여할 바 못되는 것이다.

모름지기 주자의 잘못은 고금학제의 차이가 있음을 가려내지 못했던 탓이 아닌가 싶다. 그러므로 다산은 그 이유를 다음과 같이 지적한다.

> 요즈음은 작위도 세습하지 않고 인재도 족벌을 따지지 않으며 한문천족(寒門賤族)이라도 경상의 자리에 뛰어올라 군주를 보좌하면서 만민을 통치할 수가 있다. 선유[(朱子)]는 익히 이러한 습속만을 보고 고제에는 익숙하지 못했던 탓으로 대학을 만민

이 노닐 수 있는 곳으로 여겼고 대학의 도를 만민이 거쳐야 하
는 길로 여겼던 것이다.

그러므로 대학지도는 태자[주자(胄子)]지도이지 만민지도일 수 없
다는 것으로 다산은 이해하고 있는 것이다. 다시 말하면 임하치민(臨
下治民)하는 지배자의 도이기도 하다. 흔히 고대유교를 제왕학이라
이르기도 하는 것은 이 까닭이다.

2. 명덕

대학에 관한 다산과 주자 사이의 가장 큰 견해차의 하나는 이 명
덕의 해석에서 뚜렷하게 나타난다.

주자가 덕을 일러 '마음에서 얻는 것[得於心者]'이라 한 데 대하여
이를 비판하기를,

> 요즈음 '덕'자의 해석이 분명하지 못하여 경서를 읽다가 '덕'자
> 에 부딪히면 망연히 무엇인지를 모르고 거저 순후 혼박하여 청
> 탁을 가릴 줄 모르는 자를 일러 덕이 있다고 한다. 생각건대 이
> 러한 기상으로 앉아서 천하를 다스리되 만물이 자연히 귀화하
> 기를 기대하지만 일의 국면에 부딪히면 어디로부터 착수해야
> 할지 모르고 있으니 어찌 어리석다 하지 않을 수 있을 것인
> 가.……덕이란 인륜관계에서 이루어지는 명칭인데 효·제·자가
> 바로 그것이다(『논어고금주』).

주자는 심성론적 덕성으로서의 덕을 주장한 반면 다산은 윤리적
덕행으로서의 덕을 주장함으로써 두 사람 사이에는 큰 도랑이 가로
놓여 있음을 이 대목에서 발견할 수 있다.

이러한 입장은 명덕의 해석에서 더욱 뚜렷하게 펼쳐진다. 주자는 그의 『대학장구』 주에서,

> '명(明)'은 '명지(明之)', 곧 밝힌다는 동사요 덕은 사람이 하늘에서 얻어온 것으로서 허령불매하되 모든 이치를 갖추고 있으면서 만사에 조응하는 것이다.

라 하였으니, 이는 선천[선험(先驗)]적 존재자로서 항구 불변하는 덕성을 가리킨 것이 분명하다. 그러나 다산은

> 명덕이란 孝(효)·제(弟)·자(慈)다(『대학공의』).

라 하여 앞서 지적한 바 있는 덕과 조금도 다르지 않은 주장을 편다. 그러나 왜 그저 덕이라 하지 않고 명덕이라 하였을까.

> 무릇 덕행이 신명과 통하는 것을 일러 명덕이라 한다(같은 책).

한 것은 덕행의 효과는 지극하다는 것을 보여준 것이다.

다산이 명덕을 신명과도 통할 수 있는 지극한 덕행이라 하고 그것의 구체적 내용을 효제자 삼덕으로 단정한 것은 실로 획기적인 발견이라 하지 않을 수 없다.

효제자 삼덕은 사실상 『서전』에서 오전(五典) 또는 오교(五敎)라고 하는 부의(父義)·모자(母慈)·자효(子孝)·형우(兄友)·제공(弟恭)을 집약한 것으로서 부의·자모를 합하여 말한다면 자가 되고 형우·제공을 합하여 말한다면 제가 되는데 거기에 남아 있는 효를 더하면

효제자 3덕이 된다. 이로써 효제자 삼덕은 중국 고대 유교에 있어서의 윤리적 삼대강령이 아닐 수 없다는 사실을 재확인하게 되는 것이다.

이러한 고대 유교의 효제자 삼덕이 후세에 이르러 충효열의 삼강으로 변질됨으로써 효만이 두드러지게 강조되었고 뒤따라 제덕과 자덕이 퇴색하게 되자 이에 다산은 효제자 삼덕설을 내세워 다시금 고의를 되살려 놓았던 것이다.

후세의 충효열 삼강이 모두 다 상향윤리인 반면에 효제자 삼덕을 분석하면 효만이 상향윤리(上向倫理)일 뿐 제는 수평윤리인 동시에 자덕은 하향윤리인 것이다. 그리하여 효제자 삼덕은 상향·수평·하향의 삼륜이 다 함께 균형을 이룬 윤리사상으로서 이는 현대적 윤리사상에의 길을 터놓았다고 할 수도 있을 것이다. 또 다른 측면에서는 효제자 삼덕설은 대학본문의 이해에 있어서도 새로운 열쇠가 되었으니, 본문 중 "효는 군주를 섬기는 것이고, 제는 어른을 섬기는 것이며, 자는 여러 백성을 부리는 것이다[孝者所以事君也 弟者所以事長也 慈者所以使衆也]"에서 보여 주는 효제자를 세 줄기로 하는 구조적 내용이 곧 명덕의 구체적 설명이 됨은 두말할 것도 없이 분명하다는 사실을 알게 된 것이다.

여기서도 다산학은 실천윤리학적 기반 위에 서 있음을 확인하게 되며 다산은 효경(孝經)이나 충경(忠經)은 거들떠보지도 않고 『제경(弟經)』(『여유당전서 보유』)을 편술하였고 목민지도를 자덕의 바탕 위에서 논술한 것은 모름지기 명덕의 효제자 삼덕설에 연유한 다산사상의 확충이라 이르지 않을 수 없다. 그러므로 효제자 삼덕에 의한 다음과 같은 표를 우리는 얻을 수 있는 것이다.

군자지도(君子之道) – 친친(親親, 효孝)

존현(尊賢, 제弟)

목민(牧民, 자慈) – 왕천하지도(王天下之道)

3. 친민

'친(親)'자를 '신(新)'자로 고친 것은 주자의 스승인 정자(程子)의 주장이다. 이에 반대한 것은 물론 왕양명이지만 다산은 '친'자를 주장하면서도,

> 친·신 두 글자는 모습이 서로 비슷하고 뜻도 서로 통하고 있으니 '친지(親之)'는 곧 '신지(新之)'인 것이다.

라 하면서 친신상통설(親新相通說)을 내세워 정자의 체면도 깎이지 않도록 배려하고 있는 것이 눈에 뜨인다. 그러나 다산은,

> 명덕이 이미 효제자라 한다면 친민은 또한 신민이 아니다.……
> 인륜이 위에서 분명해지면 하민은 밑에서 상친(相親)할 것이니 어찌 다른 설명이 있겠는가. 명덕이 인륜을 명백하게 하는 것이요 친민(親民)이란 소민들을 친애하게 하는 것이다.

라 하여 친애 상친의 뜻으로 이해하고 있다.

이로써 주자의 삼오자설 중의 첫 번째인 '친'자를 되살려냄으로써 『고본대학』의 면모를 제대로 바로잡아 놓았음을 볼 수 있다.

4. 격물치지

이 항목에 있어서도 주자와 다산은 본질적 이해에 있어서 서로 맞서 있다. 주자는 그의 '물유사론(物猶事論)', 다시 말하면 '물은 사와 동일하다'는 논을 다음과 같이 펴고 있다.

격(格)은 지(至)함이요 물(物)은 사(事)와 같으니 사물의 리를 궁지(窮至)하게 하여 그의 극처에 이르지 않음이 없게 한다.['치지재격물(致知在格物)'"의 주].

이를 보다 더 자세하게 설명하기 위하여 주자는 따로 보전을 지어 말하기를,

소위 치지함이 격물에 있다는 것은 나의 지식을 추치(推致)하고자 할진대 사물에 즉하여 그 리를 궁구함에 있다는 것이다. 대개 사람의 심성은 영명하여 지식을 갖지 않음이 없고 천하의 사물은 리를 갖지 않음이 없건만 오직 그 리에 있어서 궁구함이 미급하므로 그 지식이 극진하게 되지 않는다. 그러므로 대학의 첫 교과에서 반드시 학자로 하여금 무릇 천하의 사물에 즉하여 자기의 지식의 리로 말미암아 더욱 이를 궁구하지 않음이 없게 하여 그의 지극함에 도달하도록 했던 것이니 오래도록 이렇듯 용력하게 됨으로써 하루아침에 활연관통하게 된다면 모든 사물의 표리정조가 도달하지 않음이 없고 나의 심성의 전체대용(全體大用)이 영명하게 되지 않음이 없을 것이니 이를 일러 격물이라 하고 지가 이른다고 하는 것이다.

번거로움을 생각하지 않고 이처럼 긴 주자설을 인용한 것은 이와 맞선 다산설의 대상으로서 중요한 문헌이 되기 때문이다.

이 인용문의 내용은 천하의 모든 사물이 지니고 있는 리(理)를 사람들의 영명한 심성에 의하여 궁구함으로써 얻어지는 지식을 일러 격물치지라 이른다는 것이니 격물치지는 자연과학적 방법론과 흡사한 과정이라 이를 수 있다. 때문에 격물치지를 일러 동양적 자연과학 사상이라 이르기도 한다. 그러나 다산은 이에 승복하지 않고,

> 격물이란 근본적인 것과 말단적인 것이 있는 사물의 이치를 구명하는 것이고, 치지란 그 먼저 하고 나중에 할 바를 아는 앎을 투철히 하는 것이다(「자찬묘지명」).

라 하여 이를 구체적으로 다음과 같이 제시하고 있다.

> 물(物)이란 의(意)·심(心)·신(身)·가(家)·국(國)·천하(天下)요 사(事)란 성(誠)·정(正)·수(修)·제(齊)·치(治)·평(平)이다(『대학공의』).

라 하였으니 물은 명사요 사는 동사라는 것이다. 이로써 주자의 '물유사설(物猶事說)'은 무색하게 되어 버렸고 주자의 천하의 사물은 성의, 정심, 수신, 제가, 치국, 평천하의 범주 안에서의 문제로 국한되어 버린 것이다. 다시 말하면 주자의 일반적 사물이 다산에 의하여 특수화된 것이다. 그러므로 다산은 우리들의 이해를 돕기 위하여 다음과 같은 표를 만들었다.

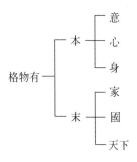

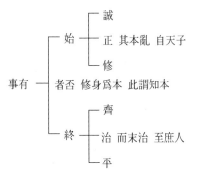

    이 표에 따르면 격물의 물은 의·심·신·가·국·천하의 여섯 개의 대상물에 지나지 않는 것이다. 이러한 다산의 특수사물론은 그에 앞서 서계 박세당의 대학경설 중에서 엇비슷한 내용을 엿볼 수 있음은 대단히 흥미 있는 일이 아닐 수 없다.

5. 심신묘합

    정자는 "이른바 몸을 닦음이 그 마음을 바룸에 있다는 것은 마음에 성내는 바가 있으면[所謂修身在正其心者 身有所忿懥]" 절에서 "'신유(身有)'의 '신(身)'은 마땅히 '심(心)'으로 쓰라[身有之身은 當作心하라]" 하였는데 다산은 고본을 취하는 입장에서,

신심은 묘합(妙合)하였으므로 둘로 나눌 수가 없으니 정심(正心)하는 것은 곧 정신(正身)하자는 것이 된다. 여기에는 2층 공부는 있을 수가 없다(『대학공의』).

신심은 묘합 하여 둘로 나눌 수가 없으므로 특히 '신(身)'자를 놓고 신심이 합일하는 쇠못으로 삼아 거기에 박아놓은 것이다 (같은 책).

는 설명으로 보아서 다산은 이이일적(二而一的) 묘합의 원리를 터득한 것으로 여겨진다. 이러한 이자묘합(二者妙合)의 원리를 이해하지 못했기 때문에 정자(程子)에게 있어서는 끝내 신(身)과 심(心)이 이원적으로 별개의 것이 되어 버리지 않았나 싶은 것이다. 이러한 이이일적(二而一的) 묘합의 원리는 이원론적 사유와 대조를 이루는 것으로서 우리의 주목을 끌게 하는 것이다.

제2절 중용

『중용』도 『대학』처럼 『예기』중의 한 편이었는데 『대학』과 함께 독자적으로 단행본이 되었다. 그리하여 정주학의 성전의 하나가 되었지만 여기서 전개된 정주학설은 또다시 다산에 의하여 전면적인 비판의 대상이 되었다.

1. 성명론

한 마디로 말하자면 주자는 여기서 그의 성리학을 정착시켰지만 다산은 그[성리학]의 기반을 뒤흔들어 놓았다. 그것은 성리학의 본질은 중용서두에 나오는 "천명지위성(天命之謂性)" 구의 성(性)은 곧 천리[天理, 성즉리(性卽理)]라고 주장하고 있음에도 불구하고 다산은 그 천리의 존재를 부정함과 동시에 그 대신 성명일여론(性命一如論)을 주장하고 나섰던 것이다.

다산은 천리를 다음과 같이 부정하는 태도를 취하고 있다.

리(理)에는 애증도 없고 리에는 희로(喜怒)도 없다(『맹자요의』).

인성(人性)은 성정(性情)을 갖추었고 성정은 희로애락(喜怒哀樂)으로 나타나는데 어찌하여 성이 곧 희로도 애증도 없는 리가 될 수 있을 것인가라는 뜻이 여기에 감추어져 있다. 이는 성리학의 본질이요 근본인 천리를 부정하는 것이 되어서 만일 다산설을 받아들인다면 정주학의 아성은 근저로부터 무너지고 마는 중대한 결과에 부딪힌다.

이렇듯 천리를 부정하는 다산의 저의에는 그 대안으로 천명이 존재해 있다는 사실을 알아야 한다. 그것은 또한 상제천의 존재를 긍정적으로 받아들이는 입장이 아닐 수 없다. 다산은 그의 『중용자잠』에서,

> 천(天)이 사람에게 생명을 점지해 준 당초부터 이 천명(天命)이 있었고 또 살아가는 나날마다 시시각각으로 이 천명이 이어져 있으나 천은 차근차근 말로 일러 줄 수는 없다. 그러나 말을 할 수 없어서가 아니라 하늘의 후설(喉舌)은 도심(道心)에 기대어 있으므로 도심이 경고하는 것은 바로 황천(皇天)이 경고하는 말이다.

여기서 우리는 의인화된 상제로서의 천명을 볼 수가 있다. 그렇다면 이 상제천의 천명과 인성과의 관계는 어떠한가. 다산은,

> 솔성(率性)한다는 것은 천명을 따른다는 것이다(『중용자잠』).

라 하여 성을 따른다는 것이 곧 천명을 따른다는 것이라면 성이 곧 천명일 것이니 이는 명성일여론(命性一如論)이라 이를 수밖에 없다. 그 이유를 다음과 같이 설명한다.

옳지 않은 음식이라도 코앞에 놓여 있으면 입맛이 돋아 오를 것이다. 이때 도심이 타이르기를 "먹지 마라. 이는 불의(不義)의 음식이니라" 해서 내가 그가 타이르는 말에 순종하여 이를 물리치고 먹지 않았다면 그것을 일러 솔성(率性)한다는 것이다. 솔성한다는 것은 바로 천명을 따른다는 것이 된다(같은 책).

왜냐하면 앞서 천명은 곧 도심에 깃들여 있다고 하였으니 도심이 타이른다는 것은 바로 천명이 타이른다는 것과 같은 것이다. 다산의 말을 한 마디 더 들어본다면

대체로 사람이 어머니 배 안에서 태어났을 적에 이미 하늘은 그에게 영명(靈明)하면서도 무형한 모습을 가진 것을 점지해 주셨고 그것의 됨됨은 선을 즐기면서 악을 미워하며 덕을 좋아하면서 더러움을 부끄럽게 여기니 이를 일러 성이라 하고 성은 선하다 하는 것이다(같은 책).

하였으니 인성은 선하다는 성선설도 인성 내에 태어난 영명무형지체(靈明無形之體), 곧 상제천(上帝天)의 존재 때문임을 알 수 있다. 인성 내에 선을 좋아하고 악을 미워하며 덕을 좋아하고 추잡함을 싫어하는[樂善惡惡 好德恥汚] 상제천이 존재하지 않는다면 성선의 근원은 찾을 길이 없을 것이다.

그러므로 다산은 천명과 인성은 불가분의 관계에 있음을 역설하고 있다. 그것은 곧 성명이 일여임을 뜻하는 까닭에 우리는 이를 주자의 성리설에 가름하는 다산의 성명론이라 이르는 것이다.

여기서 다산의 천명관을 좀 더 살펴보고 넘어가는 것이 좋을 것 같다. 왜냐하면 그것은 이미 주자의 천리에 버금가는 천명이기 때문이다.

다산은 그의 「중용책」에서,

> 높고 밝은 것은 하늘과 짝이 된다[高明配天]의 천은 창창(蒼蒼)한
> 유형의 천이요 오직 하늘은 아아 (그침이 없다)[維天於穆]의 천
> 은 그것이 영명한 주재자의 천으로 신은 생각합니다.

라 하였으니 유형무형하거나 주재하는 능력이 있고 없는 두 종류의
천이 있음을 제시해주고 있는데 적어도 성명론에서의 천명은 무형
한 영명주재천이 아닐 수 없다. 주재자로서 인격화된 상제천의 권능
은 과연 어떻게 이해되었던가. 다산은 『중용자잠』에서,

> 군자가 암실 중에서도 전전율율(戰戰慄慄)하여 감히 악한 일을
> 저지르지 않는 것은 상제가 그의 곁에 강림하여 계신 줄을 알기
> 때문이다.

라 하여 우리 곁에 항상 우리와 함께 계심으로써 무소부재(無所不在)
한 상제로 이해하였고 게다가 상제는 우리들의 윤리적 감시자이기
도 함을 다음과 같이 설파했다.

> 하늘이 사람의 선악을 살피되 항상 인륜에서 치력(致力)한다. 그
> 러므로 사람들이 수심사천(修身事天)하는 것은 또한 인륜에 치력
> 하기 때문이다(『중용자잠』).

라 한 것을 보면 하늘도 아무런 꼬투리도 없이는 사람의 선악을 가
려낼 수 없기 때문에 그는 항상 사람들이 인륜관계에서 어떻게 처신
치력(處身致力)하는가를 보아서 판단한다고 하였다. 어쨌든 하늘은
윤리적 심판자라는 점에서도 능동적 주재자가 아닐 수 없다. 그러므
로 성리학은 주정설적(主靜說的)인 반면에 성명학은 주동설적(主動說
的)이라 하지 않을 수 없다.

2. 성기호설

다산에 의하면 주자의 성리학이 성명학으로 바꾸어짐에 따라 인
성론의 내용이 전폭적으로 달라지게 되었다. 그것의 첫 번째로 문제
되는 것이 다름 아닌 다산의 성기호설(性嗜好說)인 것이다.

다산의 성기호설은 주자의 성리설이 이성적인 데 반하여 감성적
이라고 할 수도 있다. 주자의 이성은 순선무악(純善無惡)한 본연지성
이지만 다산의 기호성은 선악이 아직 결정되지 않은 상태의 성에 지
나지 않는다. 이 점에서 대하여 다산은 다음과 같이 말하고 있다.

> 사람들은 항상 말하기를, "내 성은 회자(膾炙)를 좋아한다", "내
> 성은 애패(饐敗)한 것을 싫어한다", "내 성은 음악을 좋아한다",
> "내 성은 개구리 소리를 싫어한다"고 하는데 이는 본래 사람들
> 은 기호함을 가지고 성이라 여겼기 때문이다(같은 책).

사람들이 회를 즐기고 썩은 음식을 싫어하며 음악은 좋아하되 개
구리 소리는 싫어한다는 것은 하나의 기호이지 그것이 윤리적 선악
과는 아무런 상관도 없는 인간의 감정에 지나지 않는다는 주장이다.
그렇다면 인간의 성선은 어떻게 증명할 수 있는 것일까. 다산은 이
르기를,

> 사람들이 매양 한 가지 선행을 하고 나면 반드시 유쾌한 기분을
> 맛보게 되는데 이는 바로 본성에 맞기 때문에 유쾌하게 되는 것
> 이 아니겠는가. 사람들이 매양 한 가지 악행을 저지르고 나면
> 반드시 찌뿌드드하면서 서운한 기분을 맛보게 되는데 이는 바
> 로 본성에 맞지 않기 때문에 찌뿌드드하게 되는 것이 아니겠는
> 가.……그러므로 성대로 따르면 선하게 될 수 있다는 것이다.

그러나 인간이 가진 선천적 감성은 이미 이성이 아니라도 기호로서 선을 좋아하고 악을 미워하고[樂善惡惡] 덕을 좋아하고 추잡함을 미워하게[好德耻汚] 되어 있다는 것이다. 이는 이성 대 감성의 문제로서 많은 쟁점을 안고 있기는 하지만 적어도 다산이 당시 성리학의 아성에 대하여 감성으로써 포문을 연 것은 그런대로 중요한 의미를 갖는다. 그렇다면 감성과 윤리적 선악과의 관계를 다산은 어떻게 해결하고 있는 것일까.

기호라는 점만으로는 인과 물이 다를 바 없다. 그러나 인간만은 천명에 따르는[順天命] 솔성에 의하여 선의식을 감지하게 된다는 것이다. 그것이 바로 인간만이 지니고 있는 도심으로서 앞서 인용 지적한 바 있는 소위 "하늘의 후설은 도심에 깃들여 있다"는 것이 바로 이를 두고 이른 말이다. 이를 우리는 '천명기재도심설(天命寄在道心說)'이라 이른다. 그러므로 인간의 양식은 곧 천명이 깃들여 있는 도심의 자각에 의하여 깨닫게 될 따름이다.

그렇다고 하더라도 인간은 신이 아니기 때문에 절대선일 수는 없다. 곧 인간은 도심과 아울러 인욕이 깃들인 인심을 함께 가지고 있다. 그렇기 때문에 인간에게는 극욕(克欲)이 필요한 것이 아닌가. 그를 일러 우리는 극기라 이른다.

여기서 우리가 주목하고자 하는 것은 인심도심설은 이미 송학에서도 깊이 다루어지고 있기는 하지만 다산은 이를 독자적인 입장에서 활성적(活性的) 인심도심내자송설(人心道心內自訟說)을 끄집어냈다는 사실이다. 이 점을 다산은 다음과 같이 지적하고 있다.

송사는 공정에서의 대변(對辯)이다. 천명 인욕이 안에서 교전하
되 극기는 마치 극송(克訟)과도 같다(『논어고금주』).

천명 인욕은 송사의 대변(對辯)처럼 쉴 새 없는 교전상태로 파악한
것이 내자송(內自訟)인 것이다.

사람은 항상 상반된 생각을 가지고 있으면서도 그 둘이 일시에
병발하기 때문에 그 점이 바로 사람과 귀신이 넘나드는 관문인
동시에 선악이 나누어지는 기미이기도 한 것이다. 인심과 도심
이 교전하면 의승(義勝)이냐 욕승(欲勝)이냐가 판결나는 것이니
여기에서 맹렬히 반성[於是乎 猛省]하여 힘써 인욕을 극복하면
도에 가까울 것이다(『맹자요의』).

그러므로 인간이란 윤리적으로는 성선이라기보다는 인심도심의
교전에 임하여 인심을 이겼을[克欲] 때 비로소 선일 수 있을 따름인 것
이다. 이 때문에 인간이 선에 도달하자면 내자송의 과정을 거쳐 극기
한 후가 아니면 안 된다. 여기에 다산의 활성론적 배경이 있는 것이다.
다산은 인심도심의 내자송을 또 다른 각도에서 도심은 도의지성
이라 하고 인심은 금수지성이라 하여 양자를 대결시켜 놓고 있다.
이를 표기하면 다음과 같다.

다산은 『맹자요의』에서,

대개 인성이란 도의기질(道義氣質)을 합하여 일성(一性)이 되게
한 것으로서 금수성이란 순수한 기질지성이다.

라고 하여 주자학에 있어서의 본연·기질 양성론과 대결하고 있다.
이에 이르면 기호설에서 출발한 반주자학적 입장은 여기에 이르러
실로 주자학과는 천리의 간격이 생기어 양자택일 외에 또 다른 해결
책이 나타날까 의심스럽다 하지 않을 수 없다. 다시 말하면 다산의
성기호설이 마지막에 도의·금수 양성론으로 전개됨에 따라 주자의
성리설에서 전개된 본연·기질 양성론은 적어도 다산학에 있어서는
발붙일 곳을 잃고 말았다고 할 수밖에 없다.

3. 중용론

지금까지 사사건건 주자와 맞서온 다산은 중용론에 있어서도 예
외는 아닌 것 같다. 주자는 "중용이란 편벽되지 않고 치우치지 않고
지나침도 없고 모자람도 없는 평상의 이치이다[中庸者 不偏不倚 無過
不及而平常之理]"(『중용장구』)라 하였거니와 이에 부연하여 그는 "두
끝을 잡고 그 중(中)을 백성에게 쓴다[執其兩端 用其中於民]"(『중용』
본문)란 구의 주해에서 양단을 말하기를, "중론이 같지 않음의 극치
를 이른다. 모든 사물에는 다 양단이 있으니, 소(小)와 대(大), 후(厚)
와 박(薄)과 같은 종류이다[謂衆論不同之極致 蓋凡物皆兩端 如小大厚薄
之類]"란 구절에 대하여 다산은 이론을 제기하고 있다. 중(中)의 바탕
이 되는 양단의 개념은 일차적으로는 과불급으로 설명이 되지만 그
것이 대소후박일 수는 없다는 점을 다음과 같이 제시하고 있다.

구주(舊註)에 과(過)와 불급(不及)을 양단이라 한 것은 본시 옳은 해석이다. 만일 중론이 모두 과하다면 모두 쓸 수는 없다. 만일 중론이 모두 불급하다면 그것도 모두 쓸 수는 없다. 중과 양단은 이미 먼저 순(舜)의 자기 심중에 있기 때문에 그것으로써 권형척도(權衡尺度)로 삼아 어시호(於是乎) 이 삼자(三者)를 쥐고 앉아서 인언(人言)을 살피되 그것이 양단을 범하면 버리고 그것이 중에 합하면 채용하기 때문에 그것이 바로 그를 순임금이라 이르는 이유가 되는 것이다. 그런데 만일 인언 중에서 그의 양단을 쥐고 앉아서 그들의 대소후박을 교량하여 그의 중품을 사용한다면 마땅히 커야 하고 마땅히 후해야 할 자도 장차 그것이 부중하다고 해서 버리겠는가. 중이란 지선이 깃들여 있는 곳이다. 극대(極大) 극후(極厚)해야만 득중할 수 있고 극소(極小) 극박(極薄)해야만 득중할 수 있는 자가 있는 것이다『중용자잠』).

이상의 긴 글을 음미해 보면 주자는 대소후박을 과불급의 양단이라 하여 이를 버렸고 다산은 오히려 대소후박에서 중을 찾아내려고 했던 것을 알 수 있다. 전자는 중을 중론 중에서 찾으려고 하였지만 후자는 중론과는 아무런 관계도 없이 순임금의 심중에 존재하여 있는 중인 것이다. 전자는 외적 조건들의 집합에서 절충하려는 중이요 후자는 내적 판단에 의한 가치기준으로서의 중이라고 할 수 있다. 이런 점에 있어서도 주자와 다산은 중의 인식을 달리하면서 동상이몽의 꿈을 꾸고 있는 양한 것 같다.

뿐만 아니라 '용(庸)'의 인식에 있어서는 두 사람의 견해차는 너무도 심각하다. 동시에 '용' 한 자의 견해차는 중용의 뜻을 전반적으로 수정해야 하므로 좀 길지만 다산의 견해를 통하여 이를 음미해 보도록 하겠다. 그는 『중용자잠』에서,

중을 편벽되지 않고 치우치지 않고 지나침도 없고 모자람도 없음

[不偏不倚 無過不及]이라 풀이한 것은 경문에도 확증이 갖추어 있다. 그러나 오직 '용(庸)'자의 뜻만은 분명한 해석이 없는데 만일 이를 '평상지리(平常之理)'[주자주]라 한다면 성인이 평상지리를 지극한 덕이라 한 셈이 되는지라 아마도 그렇지 않았을 것 같다.

고 가볍게 의문을 제기한 후 『중용강의』에서는 좀 더 자세히 이를 풀이하고 있다.

평상지리를 따져본다면 가장 분별하기 어렵다. 세상 사람들은 바야흐로 세속에 유행되면서 익숙해진 일들을 평상지리라 하는데 한번 성도(性道)의 설을 들으면 바야흐로 깜짝 놀라면서 그것은 상리에 반대되거나 습속에 어긋난 것으로 생각한다. 성인이 이제 또 평상의 리를 가지고 표방으로 삼아 세워놓고 천하를 통솔하여 평상한 궤도로 끌어넣는다면 그것이 어찌 유행되는 습속에 합류하거나 지저분한 세상과 맞추어 살면서 향원(鄕愿)의 행세에 젖는 것과 같지 않겠는가.

라 하여 성도의 교인 중용만은 평상적인 세속과는 다르다는 것을 지적하고, 이어서 '상(常)'자의 뜻을 다음과 같이 세 가지로 풀이하고 있다.

상(常)의 뜻에 세 가지가 있으니, 첫째는 항상(恒常)이요 둘째는 경상(經常)이요 셋째는 평상(平常)이다. 항상은 「고요모(皐陶謨)」에서 소위 '드러남에 항상함이 있다[彰厥有常]'라 했고 「입정(立政)」에서 소위 '능히 상인(常人)을 등용하소서[克用常人]'라 한 따위가 곧 그것이다. 경상이란 만세토록 상행(常行)해야 하는 법을 이른 것이니 마치 오교(五敎)를 오상(五常)이라 이르고 구법(舊法)을 전상(典常)이라 이르는 것이 곧 그것이다. 평상이란 『매씨서평(梅氏書平)』에서 소위 '삼백 리의 오랑캐는 평상의 가르침을 고수한다[三百里夷守平常之敎]'라거나 『후한서(後漢書)』 「중장통전(仲長統傳)」에서 '늘 옛 관습을 따르는 자는 시골구석의 보통

사람이니 삼공의 지위에 자리하기에는 부족하다[循常蟄故者 乃
鄕曲之常人 不足以處三公之位]'라 한 따위가 곧 그것이다. 평상을
어찌하여 족히 지덕으로 삼을 수가 있겠는가. 그러므로 현인을
구하고 덕인을 고를 적에는 반드시 비상(非常), 불상(不常), 이상
(異常), 초상(超常)한 선비를 표준으로 삼아야 할 것이거늘, 하물
며 평상을 교리로 삼을 수가 있겠는가.……용(庸)이란 항상이요
경상이니 어찌 평상을 이름이겠는가.

여기서 우리는 중용이란 일상적인 평범한 행동원리가 아니라 초
비상원리(超非常原理)임을 짐작하게 한다. 그러므로『중용』의 경문에 이
르기를, "천하국가도 다스릴 수 있고 작록(爵祿)도 사양할 수 있고 백인
(白刃)도 밟을 수 있지만 중용은 불가능하다".고 공자는 말했던 것이다.
여기서도 주자의 상식적 일반론과 다산의 비상적 특수론이 엇갈
려 있음을 볼 수가 있다.

4. 신독론

신독의 이해에 있어서도 주자의 일반론과 다산의 특수론은 서로
엇갈린다.
첫째, 은미론(隱微論)을 들 수가 있다. 은미론이란『중용』수장 "은
(隱)보다 드러남이 없으며 미(微)보다 나타남이 없으니, 그러므로 군
자는 그 홀로를 삼가는 것이다[莫見乎隱 莫顯乎微 故君子愼其獨也]" 구
의 주자주에서

> 은(隱)은 암처(暗處)요, 미(微)는 세사(細事)요, 독(獨)은 다른 사람
> 은 모르지만 나 홀로만 알고 있는 경지다. 말하자면 유암(幽暗)

한 곳에 있는 세미(細微)한 일들이니 자취는 비록 형상으로 나타나지 않는다 하더라도 그의 기미(幾微)는 이미 움직이고 있기 때문에 다른 사람들은 비록 모른다 하더라도 나 홀로만은 이를 알고 있다는 것이니 이는 천하의 일 중에 뚜렷하게 나타나 보이되 이보다도 분명한 자는 다시없을 것임을 뜻하는 것이다.

하였으니 이러한 은미는 군자만이 홀로 알 수 있는 지극히 감추어진 자잘한 일들을 의미하고 있다. 이러한 일들은 지극히 섬세한 세상사 가운데 감추어진 일들을 의미하고 있다는 점에서 이러한 해석은 상식적인 일반론이라 하지 않을 수 없다.

그러나 다산은 이를 상제천의 일들이란 해석을 내리고 있다. 다시 말하면 이는 '하느님의 일'이요, 어쩌면 '하느님의 모습'이라는 것이다.

은미란 상제천의 일이다. 보려고 해도 보이지 않고 듣자 해도 들리지 않으니 어찌 은(隱)하여 있는 것이 아니겠는가. 그의 작음을 말한다면 천하도 이를 파괴할 수 없으리만큼 작으니 어찌 미(微)하다 하지 않을 수 있겠는가. 천하 사람들로 하여금 몸과 마음을 깨끗이 하고 그를 제사지내되 넘실넘실 내 위에 계시고 내 좌우에 계신 듯하니 은(隱)하지만 보다 더 분명한 자는 없으며 만물을 발육하지만 보다 더 뚜렷한 것은 없는 것이다. 은(隱)한 듯하지만 지극히 분명한 까닭에 보이지 않더라도 계신(戒愼)하고 미(微)한 듯하지만 지극히 뚜렷하므로 들리지 않더라도 공구하는 것이다(『중용자잠』).

이렇듯 상제천의 형상을 은미로서 표현하고 있음을 볼 수 있다. 다산은 한 걸음 더 나아가 주자의 암처세사론(暗處細事論)을 비판하면서 그의 잘못되어 있음을 다음과 같이 지적하고 있다.

만일 암처세사를 은미라고 한다면 암처세사는 평생토록 엄휘(掩諱)해 둔다 하더라도 미상불 들추어내지 않을 수도 있기 때문에 아래로는 다른 사람들을 기만할 수도 있고 위로는 군주를 속일 수도 있을 것이니 소인은 익히 그런 까닭을 알고 있는 터에 군자만 빈말로 그를 두려워하게 하기 위하여 "은하지만 보다 더 분명한 자는 없고 미하지만 보다 더 뚜렷한 자는 없다."고 한들 그들이 이를 믿겠는가. 상제가 강림하여 계심을 믿지 않는다면, 정녕코 신독하는 자는 한 사람도 없을 것이다(『중용자잠』).

여기서 다산은 분명히 은미는 상제천의 특수한 형상임을 거듭 강조하고 있음을 볼 수 있다.

둘째, 희로애락론(喜怒哀樂論)을 들 수가 있다. 희로애락이란 감성이 발하는 것으로서, 발하기 전을 미발(未發)이라 하고 발한 후는 이발(已發)이라 이른다. 그런데 문제는 경문에서 "희로애락이 아직 발하지 않은 것을 중이라 이르고, 발하여 모두 절도에 맞는 것을 화라 한다[喜怒哀樂之未發謂之中 發而皆中節謂之和]"라 한 중화(中和)의 경지가 미발시(未發時)냐 이발시(已發時)냐에 있다는 것이다. 그런데 주자는 미발시를 택했고 다산은 이발시를 택한 데에 두 사람의 쟁점이 있다. 주자는,

희로애락은 정(情)인데 그가 미발한, 즉 성(性)인 것이다. 편의(偏倚)하지 안한 까닭에 중이라 이른다. 발하여 다 절에 중하면 정(情)의 정(正)한 것이다. 괴려(乖戾)한 바가 없으므로 화라 이른다(『중용장구』).

라 하여 희로애락이 미발한 때는 성이니 성은 본시 본연지성으로서 중정한 자로 간주하였으나 다산은,

> 이 구절[희로애락절]은 곧 신독군자의 존심양성에 따른 지극한 공
> 적이지 두루 천하 사람들의 성정을 논한 것이 아니다(『중용자잠』).

라 하여 중화의 경지는 존심양성의 노력에 의하여 얻어지는 지극한
공적임에도 불구하고 주자는 이를 일상적 범인의 성정으로 본 것은
잘못임을 비판한 것이다. 그것은 곧 신독에 의하여 이루어지는 중화
의 경지가 아닐 수 없다.

> 신독이 능히 중화의 경지를 어떻게 얻을 수 있을 것인가. 미발
> 이란 희로애락의 미발이지 심지사려(心知思慮)의 미발이 아닌 것
> 이다. 소심익익(小心翼翼) 뚜렷이 상제를 섬기되 항상 마치 신명
> 이 옥루에 조임(照臨)해 계신 듯 계신하고 공구하며 오직 허물이
> 있을까 두려워할 따름이요 교격(矯激)한 행동이나 편의(偏倚)한
> 정이 저질러지거나 싹틀까 봐 마음을 공평하게 갖고 마음을 바
> 르게 처신하여 외물이 내게 다가옴을 맞이하니 이 어찌 천하의
> 지중한 경지가 아니겠는가. 이때를 당하여 기뻐할 일을 만나면
> 기뻐하고 노할 일을 만나면 노하고 슬퍼할 일을 만나면 슬퍼하
> 고 즐거워할 일을 만나면 즐거워할 것이니 그것은 신독의 숨은
> 공적으로 말미암아 그렇게 되는 까닭에 일을 만나서 발하되 중
> 절하지 않음이 없으니 어찌 천하의 지극한 화가 아니겠는가(『중
> 용자잠』).

라 한 것도 역시 군자의 노력에 따른 지극한 성과라는 점을 다산은
강조한다. 이는 한 마디로 말해서 희로애락의 감정은 다 가지고 있지
만 그것의 지극한 경지인 중화는 결과적이라는 사실이다. 주자는 이
를 인간본성으로서 잠재하여 있다고 여겼지만 다산은 그것은 어디까
지나 가능적 존재일 뿐 신독의 과정을 거치지 않고서는 도달할 수 없
는 높은 정상이라는 사실을 우리는 다산을 통하여 알게 된 것이다.

그러므로 다산에 의하면 신독이란 결코 '홀로'가 아니라 상제천과 더불어 있는 '독'이므로 이를 자각한 군자만이 신독하게 된다는 것이다. 따라서 중화의 경지는 저절로 신독군자의 극공으로 나타나게 마련일 수밖에 없다. 여기에 주자의 일반인론에 갈음하는 다산의 특수군자론의 입장이 도사리고 있음을 알 수가 있다.

제3절 맹자

1. 인성론

다산과 주자는 인성론에서 있어서도 서로 평행선을 이룬 채 끝내 하나로 되지 않는다. 다산은 그의 중용해설에서 이미 성기호설에 의한 성명론을 정립한 바 있거니와 이제 맹자의 성론을 따지는 자리에서도 주자설과 맞선 독자적 양성론(兩性論)을 전개시키고 있다.

주자의 본연·기질 양성론에 대하여 다산은 도의(道義)·금수(禽獸) 양성론을 다음과 같이 서술하고 있다.

> 인성은 다만 그것이 일부 인성이요 견우성(犬牛性)은 다만 그것이 일부 금수성인데, 대개 인성이란 도의·기질의 둘이 합하여 하나의 성으로 된 자요 금수성이란 순수한 기질지성일 따름이다(『맹자요의』).

인간과 금수와의 구별은 오직 도의지성(道義之性)의 유무에 있으며 동시에 인간만은 도의·기질의 양성을 함께 갖추고 있으며 금수는

오직 기질지성만을 지니고 있다는 것으로서 주자의 본연·기질 양
성론에서처럼 관념론적 취향은 일체 풍기지 않는다. 그러므로 아울
러 주자의 본연지성을 다음과 같이 부정적으로 비판하고 있다.

> 본연지성이라 한다면 인성은 도의와 기질지성이 합하여 일성을
> 이룬 것이요 금수성은 오직 기질지성만 가지고 있는 것이 또한
> 그의 본연지성일 것인데 어찌하여 하필이면 본연지성을 기질지
> 성과 상대적 의미로만 쓰려는 것인가(같은 책).

라는 의문을 제기하고 또다시

> 기질지성은 분명히 인과 물이 다 함께 얻은 것인데 선유는 이를
> 일러 각수(各殊)라 하고 도의지성은 분명히 우리들 인간만이 홀
> 로 얻었건만 선유(先儒)는 이를 일러 동득(同得)이라 하니 이해할
> 수가 없다(『맹자요의』).

하였으니 여기서 선유란 주자학자를 가리킨 것이 분명하다. 그리하
여 그의 연유를 다음과 같이 지적하고 있다.

> 성리학자들은 매양 리를 가지고 성이라 하는 까닭에 집주에서
> 인과 물이 태어날 때는 천지의 리를 동득하여 성이 된다고 생각
> 하였으니 이것이 소위 본연지성인 것이다(같은 책).

라 하여 정주학자들은 본연지성은 리가 성으로 화하여 본연지성으
로 되었다고 주장함으로써 본연지성을 실리적으로 이해한 것이 아
니라 관념화해 버린 것이다.

본연지성에 대한 다산의 비판은 실로 집요하여 본연지설이 불서

(佛書)에서 나왔음을 다음과 같이 논변하고 있음을 우리는 간과할 수
가 없다.

> 본연지설은 본래 불서인 『능엄경』에서 나왔으니 "여래장성은
> 청정본연[如來藏性 淸淨本然]"이라 하였고 또 『능엄경』에서 "화
> 합하지 않은 것을 본연성이라 칭한다[非和合者 稱本然性]" 하였
> 으며 또 비유컨대 "청수는 청결본연함과 같다" 하였고 『능엄경』
> 에서 "진성본연(眞性本然)"이라 하였다. 장수선사(長水禪師)가 광
> 조화상(廣照和尙)을 말하기를 "여래장성은 청정본연[如來藏性 淸
> 淨本然]"이라 한 것을 보면 본연지성이란 분명히 불가의 말인데
> 어찌 이로써 공맹의 말을 해설할 수 있겠는가(『논어고금주』).

다산의 논변이 이에 이르면 본연지성에 관한 해석에 있어서 주자
와 다산과의 사이에 놓인 평행선은 결코 하나로 될 수 없음은 너무
도 분명하다고 하지 않을 수 없다.

주자학에 있어서 소위 리와 상대적 의미로 쓰이는 기의 개념에 있
어서도 다산은 독자적인 견해를 피력하고 있음을 볼 수가 있다.

다산은 맹자의 양기설에 근거하고 있다. 맹자는 「공손추 상」에서

> 나는 나의 호연지기를 선양(善養)하노라.

하였고 「고자 상」에서는 '존양야기설(存養夜氣說)'을 펴고 있거니와
이러한 맹자의 기는 분명 도의가 곁들인 생명력의 원천으로서의 생
기라 해야 할지 모른다. 그러므로 다산은 그의 『맹자요의』에서 다음
과 같이 설파하고 있다.

기의 됨됨은 분명히 해 두어야 한다. 만일 후세의 이기론과 혼합해서 말한다면 크게 잘못인 것이다. 원래 우리들 사람들이 생(生)·양(養)·동(動)·각(覺)하게 되는 까닭은 오직 혈(血)·기(氣) 두 가지를 가지고 있기 때문이다. 그의 형질을 논한다면 혈(血)은 조(粗)하고 기(氣)는 정(精)하며 혈은 둔(鈍)하고 기는 예(銳)하다. 무릇 희로애구가 발하는 것은 다 심이 발하여 지가 되었으니 지는 이내 기를 구하고 기는 이내 혈을 구하는지라 이에 얼굴빛에 나타나 사체까지 달하는 것이다.

지(志)는 기(氣)의 수(帥)요 기(氣)는 혈(血)의 영(領)이다. 그러므로 공자는 호색 호투의 리를 논하면서 혈기를 겸언(兼言)하였는데 맹자는 부동심의 리를 논하면서 다만 기만을 논하였다. 기의 됨됨은 혈액을 구가하는지라 그의 권력이 지의 다음에 간다. 그러므로 맹자는 스스로 주석하여 말하기를, 기는 체에 충만하다 하였으니 대체 체에 충만한 것이 무엇일까. 다름 아니라 기인 것이다. 이 기가 인체 중에 있다는 것은 마치 유기(遊氣)가 천지(天地) 가운데 있는 것과 같다. 그러므로 저것을 기라 한다면 이것도 또한 '기'라고 할 수 있는 것이다. 통틀어 도대체 리기의 '기'와는 다른 것이다.

라고 하였으니, 이는 분명히 생리적 혈기의 기요 호연지기도 그러한 기의 개념에서 한 걸음도 빗나가지 않고 있다. 그러나 그 기(氣)는 "의가 축적하여 생겨나는 것[集義所生]"(『맹자』「공손추 상」)이라 한 것인지라,

그 기의 됨됨이 지대(至大) 지강(至剛)하므로 곧고 바르게 길러서 손상하는 일이 없다면 천지 사이에 꽉 차게 될 것이다(『맹자』,「공손추 상」).

라 함으로써 맹자의 호연지기는 윤리적 기로서 우주 내에 충만한 존재자가 된 것이다. 그렇다고 해서 이 기는 송학에서의 이기론적 기

(氣)처럼 관념적이요 가상적인 기일 수는 없다. 그러므로 다산은 예
악론과 곁들인 새로운 의미의 기론을 다음과 같이 펴내고 있다.

> ……옛 선왕(先王)이 백성을 기를 적에는 기를 기르되 그 법은
> 예·악 두 가지를 벗어나지 않았다. 예(禮)란 신체를 단속하여
> 제 마음대로 방종(放縱)하여 병을 발생시키는 것을 막는 것이고,
> 악(樂)이란 혈맥을 유통시킴으로써 막혀서 병을 생기는 것을 소
> 통시킨 것이다. 한 번 늦추고 한 번 죄며, 잡기도 하고 놓아주기
> 도 하며, 아울러 행하되 어그러지지 않고 아울러 나아가되 한
> 쪽으로 치우치지 아니하여 리(理)가 기를 거느릴 수 있고 기가
> 리를 기르도록 하였다. 그러므로 세상 사람들은 다 수고강녕(壽
> 考康寧)하고 휴양생식(休養生息)하며 풍순이 순박하고 화합하여
> 태평스런 영역에 들어간다 하더라도 스스로 이를 스스로 깨달
> 지 못하였다(『도산사숙록』).

고 한 것은 예·악으로써 조절되는 인간 내에 충만한 생기를 가리킨
것이라 하지 않을 수 없다. 그것은 인간으로 하여금 휴양생식(休養生息)
하며 수고강녕(壽考康寧)에 이르게 하는 원천적 혈기이기도 한 것이다.
이와 같이 다산은 주자학에 있어서 금과옥조같이 떠받드는 이기
(理氣)를 한결같이 부정함으로써 독자적인 인성론을 전개하고 있음
을 우리는 주목해야 할 것이다.

2. 사단론

맹자의 사단론을 놓고 주자와 다산은 선천·후천설로 엇갈려 천
리의 차를 나타내고 있다. 맹자는 그의 「공손추 상」에서 "측은지심
은 인(仁)의 단(端)이오, 수오지심은 의(義)의 단(端)이오, 사양지심은

예의 단(端)이오, 시비지심은 지의 단(端)이다[惻隱之心 仁之端也 羞惡之心 義之端也 辭讓之心 禮之端也 是非之心 智之端也]"라 하였고 주자는 그의 집주에서,

> 측은·수오·사양·시비는 정이요, 인의예지는 성인데 심은 성
> 정을 통할한다. 그의 정이 발하므로 말미암아 성의 본연한 모습
> 은 얻어 볼 수가 있으니, 이는 마치 물이 가운데 있으면 그의
> 단서가 밖에 나타나 보이는 것과 같다.

라는 주해를 내고 있다. 이러한 주해는 측은·수오·사양·시비 등
정(情)으로서의 사단[緖]은 곧 내재한 본연지성인 인의예지가 밖으로
나타나게 된 것이라는 것이니 인의예지는 이미 선천적으로 인간 내
존재자로서 존재해 있음을 의미하게 된다. 다시 말하면 인의예지는
보이지 않는 것이기는 하지만 측은 등 사단에 의하여 그의 존재는
확인된다는 것이다.

그러나 다산은 인의예지의 내재설을 부인하고 그것은 행사 후의
후천적 성과임을 다음과 같이 역설하고 있다.

> 인의예지라는 이름은 행사 후의 성과인 것이다. 그러므로 사람
> 을 사랑한 뒤에 이를 인이라 이르니 사람을 사랑하기에 앞서 인
> 이란 이름은 성립되지 않는다. 나를 선하게 한 뒤에 의라 이르
> 니 나를 선하게 하기에 앞서 의란 이름은 성립되지 않는다. 손
> 님과 주인끼리 배읍(拜揖)한 후에 예란 이름은 성립되고 사물을
> 변명한 후에 지의 이름은 성립된다. 어찌 인·의·예·지라는
> 네 개의 덩어리가 주절주절 도인(桃仁)이나 행인(杏仁)처럼 인심
> 가운데 감추어져 있을 것인가(『맹자요의』).

라 하여 인의예지란 가능적 성과임을 분명히 하고 있다. 그러므로 맹자는 "인의예지는 마음에 뿌리 한다[仁義禮智根於心]"라 하였으니, 마음의 뿌리에서 자라난 열매가 인의예지인 것이니 이렇듯 주자와는 선후천이 서로 엇갈려 있다.

> 맹자는 말하기를 "인의예지는 마음에 뿌리 한다[仁義禮智 根於心]" 하였으니 인의예지를 꽃이요 열매라 한다면 오직 그 뿌리는 마음속에 있는 것이다. 측은·수오하는 마음이 마음속에서 발하게 되면 인·의는 밖에서 이루어지고 사양·시비하는 마음이 마음속에서 발하게 되면 예·지는 밖에서 이루어질 것이다. 그런데 요즈음 학자들은 인의예지라는 네 개의 덩어리가 사람들의 배 속에 오장처럼 들어 있어서 사단이 이로부터 나온다고 하는 것은 잘못이다(『논어고금주』).

한 것은 앞서 주장을 되풀이함으로써 인의예지가 사단의 뿌리가 아님을 확인하고 요즈음 학자, 곧 주자학파의 잘못된 견해를 반박하고 나선 것이다.

이로써 다산의 사단론은 실천윤리학적이요 경험적인 결과론임을 알 수가 있다.

제4절 논어

    다산은 일찍이 "육경의 모든 성서는 다 읽어야 하겠지만 오직 『논어』만은 종신토록 읽음 직하다."(「위윤혜관증언(爲尹惠冠贈言)」)고 술회한 바 있거니와 『논어』에 대하여 깊은 관심을 기울이면서 『논어고금주』를 저술하였다. 여기서 고(古) · 금주(今註)란 한(漢) · 송주(宋註)를 의미한다. 다시 말하면 훈고학 시대인 한주(漢註)를 고주(古註)라 한다면 성리학시대인 송주(宋註)는 금주(今註)가 된다. 다산은 일찍이 이 두 가지 주의 장단점을 다음과 같이 지적한 바가 있다.

    한(漢)나라 유학자들은 경(經)에 주석을 달면서 옛일을 상고하는 것을 준거로 삼았으나 밝게 분변(分辨)하는 것이 부족하였다. 따라서 참위(讖緯)와 사설(邪說)을 모두 받아들임을 면치 못하였으니 이것이 바로 배우기만 하고 생각하지 못한 폐단인 것이다. 후세의 유학자들은 경(經)을 설명하면서 이치를 궁구하는 데 중점을 둬 근거를 밝히는 데는 간혹 소홀하였다. 그러므로 제도(制度)와 명물(名物)에 때로는 잘못 다루어진 점도 있었으니 이것이 바로 생각하기만 하고 배우지 않은 허물이 되는 것이다(『논어고금주』).

라 한 것은 한·송 두 학파의 정확한 비판인 것이다. 이렇듯 한·송 양학의 장단을 꿰뚫어 알고 있는 다산이기에 『논어고금주』에서 이를 속속들이 파헤쳐 "『논어』에는 이의(異義)가 더욱 많다[其爲論語則異義益夥]"(「자찬묘지명」)라 하리만큼 많은 이의를 제기하고 새로운 해석을 발표하였다. 그러므로 논어 521장 중 그의 변론이 가해진 것만도 174장에 이르니, 이는 전체의 3분의 1에 해당하는 수로서 다산 논어의 독보적 일면을 암시해 주는 것이 아닐 수 없다. 이 글에서는 이를 다 살필 겨를이 없기 때문에 이들을 열거하여 그의 전모를 다음에 제시하고 그중의 몇 항목만을 뽑아서 좀 더 깊이 다루어 보고자 한다.

1. 원의 총괄

1. 인의예지(仁義禮智)라는 이름은 행사에서 이루어질 뿐 마음속에 들어 있는 리는 아니다.
2. '오필위지학(吾必謂之學)'은 마땅히 「자장」편 '박학(博學)'장과 합해서 보아야 한다.
3. '온양공검(溫讓恭儉)'은 마땅히 넉 자로 구를 끊어야 한다.
4. '심근어의(信近於義) 공근어예(恭近於禮)'는 구설을 따르는 것이 마땅하다.
「학이」(學而)
5. '중성공지(衆星共之)'는 뭇별이 천추(天樞)와 더불어 공전하는 것이지 무위이치(無爲而治)하는 뜻이 아니다.
6. '이순(耳順)'이라 한 것은 말이 귀를 거슬리지 않는다는 뜻이다.

7. '견마능양(犬馬能養)'은 포함(包咸)의 설을 따르는 것이 마땅하다.

8. '선생제자(先生弟子)'는 부자관계를 이르는 것이 아니다.

9. '온고지신(溫故知新)'은 이에 스승 됨에서 얻는 이익이다.

10. '이단(異端)'이란 양·묵·노·불을 이르는 것이 아니다.

11. '거직(擧直)'은 거현(擧賢)이지만 '조왕(錯枉)'은 사악한 자를 물리친다는 뜻이 아니다.

12. '예월(輗軏)'은 연속된 두 개의 물건이니 신(信)으로 두 사람을 연결시킨 것과 같다.

13. '계주자수지백세(繼周者雖至百世)'는 마땅히 주례(周禮)는 불변해야 한다는 뜻이다.

14. '충질문이상지설(忠質文異尙之說)'은 본시 위가(緯家)의 그릇된 해석이다.

「위정(爲政)」

15. '계씨(季氏)'는 삼가(三家)의 대종(大宗)이 아니다.

16. '이적지유군(夷狄之有君)'이란 이적의 도를 사용하면서도 군주의 지위를 보전하였다는 뜻이다.

17. '하이음(下而飮)'이란 아예 이기지 못했으면서도 마신다는 뜻이다.

18. '체제(禘祭)'의 의미를 밝히었다.

19. '오조(奧竈)'란 오사(五祀)의 신(神)이 아니다.

20. '태묘(太廟)에서 매사(每事)를 물었다'는 것은 참례(僭禮)를 썼기 때문이다.

21. '사불주피(射不主皮)'란 이에 빈사(賓射) 연사(燕射)를 의미한다.

22. '곡삭희양(告朔餼羊)'이란 이에 왕인(王人)을 대접하기 때문이다.

23. '애이불상(哀而不傷)'이란 이에 권이(卷耳)의 시를 이름한다.

24. '관씨삼귀(管氏三歸)'는 포함(包咸)의 설을 따르는 것이 마땅하다.

25. '무미진선(武未盡善)'은 공(功)에 있지 덕(德)에 있는 것이 아니다.

26. '이인위미(里仁爲美)'란 이내 인(仁)에 거처하라는 경계이지 어진 이웃을 택함을 의미하는 것이 아니다.

27. '빈여천득지(貧與賤得之)'란 그것을 (도로써) 버릴 수 있다는 뜻이다.

28. '일이관지(一以貫之)'란 혈구(絜矩)의 서(恕)로써 도를 전하는 요결을 가리킨 것이 아니다.

29. '유의유리(喩義喩利)'는 도심과 인심에서 연유한다.

30. '현지불종(見志不從)'이란 곧 내 마음은 아버지의 명령을 따를 수 없음을 보이는 것이다.

「이인(里仁)」

31. '도(縚)・열(閱)・괄(适)'은 마땅히 세 사람이어야 한다.

32. '승부부해(乘桴浮海)'는 본래 자로의 담력을 형용하기 위한 이유 때문이었다.

33. '오여여불여(吾與女不如)'는 포함의 설을 따르는 것이 마땅하다.

34. '주침(晝寢)'이란 곧 낮에 누워 있는 것이다.

35. 공문자(孔文子)는 본시 악인이라 '아랫사람에게 묻기를 부끄러워하지 않는다'는 말은 곧 권사(權辭)일 따름이다.

36. '거채(居蔡)'가 하나의 일이 되고 '산절조절(山節藻梲)'도 하나의 일이 되니 서로 연설(聯說)함은 불가하다.

37. '재사가의(再斯可矣)'란 계문자(季文子)는 원래 세 번 생각할 줄 모름을 이른 말이다.

38. '방무도즉우(邦無道則愚)'란 이에 곧 자신의 몸을 잊고 어려움을 무릅쓰고 행한다는 뜻이다.

39. '비연성장(斐然成章)'이란 본래 비단옷으로 깨우쳐 말한 것이다.

40. '불념구악(不念舊惡)'이란 부자 형제 사이에 있는 일이다.

41. 미생고(微生高)의 곧지 못함은 이웃에 구하러 가서 한 말에 있지 이웃에서 구해온 것에 있지 않다.

42. 좌구명(左丘明)은 두 사람이 있는 것이 아니다.

43. '내자송(內自訟)'이란 이에 천리 인욕의 송사인 것이다.

「공야장(公冶長)」

44. '불이과(不貳過)'란 곧 마음이 양쪽으로 나뉘어 속해 있지 않음이다.

45. 자화(子華)의 죄는 어머니를 봉양할 식량을 남겨 놓지 않는 데 있다.

46. '이우지자(犁牛之子)'란 아버지가 자식보다 낫다는 것을 비유한 것이다.

47. '일월지(日月至)'란 '오래 지속해서 할 수 있는 이가 드물다'고 말한 것과 같다.

48. '중도이폐(中道而廢)'란 곧 힘이 다하여 지쳐서 몸이 쓰러지는 것이지 폐업(廢業)했다는 뜻이 아니다.

49. '행불유경(行不由徑)'이란 공서(公署)에 들어갈 때는 정로(正路)를 거쳐야 함을 뜻한다.

50. 문질(文質)의 잘못된 해석을 가려내다.

51. '고불고(觚不觚)'란 명(名)과 실(實)의 변이다.

52. '정유인(井有仁)'은 마땅히 '정유인(阱有仁)'으로 고쳐야 한다.

53. '자견남자(子見南子)'는 반드시 난(亂)을 구하고 은의를 온전히 하고자 함에서인 것이다.

54. 대부에게는 본래 소군(小君)을 보는 예가 있다.

「옹야(雍也)」

55. '부자위위군(夫子爲衛君)'은 마땅히 이를 읽되 '증서지불위관중(曾西之不爲管仲)'처럼 읽어야 한다.

56. '음수(飮水)의 음(飮)'은 곧 『주례』 육음(六飮)의 '음(飮)'인 것이다.

57. '오십이학역(五十而學易)'은 구설을 따르는 것이 마땅하다.

58. '삼인행(三人行)'은 동행자가 적다는 말이다.

59. '여기진(與其進) 불여기퇴(不與其退)'는 곧 고어(古語)다.

「술이(述而)」

60. '오지면부(吾知免夫)'란 형륙(刑戮)에서 면했음을 뜻한다.

61. '폭만(暴慢)'의 폭(暴)은 입성(入聲)이 되어야 마땅하다.

62. '민가사유지(民可使由之)'는 백성에게 도를 말하는 것을 꺼리거나 싫어하는 것이 아니다.

「태백(泰伯)」

63. '천지장상사문(天地將喪斯文)'은 『주역』을 뜻한다.

64. '고기양단(叩其兩端)'은 다른 사람이 묻는 것으로 말미암아 나의 앎을 늘리는 것을 의미한다.

65. '문인위신(門人爲臣)'이란 곧 부체(扶體)하는 소신(小臣)인 것이다.

66. '선고(善賈)'란 곧 장사꾼[賈人] 가운데 좋은 장사꾼인 것이다.

67. '서자(逝者)'란 인생을 의미한다.

68. '가여권(可與權)'이란 경(經)에는 반하지만 도(道)에 부합됨을 이른 것이 아니다.

「자한(子罕)」

69. '종묘(宗廟)'란 정사를 의논하는 곳이다.

70. '과위(過位)'란 임금이 계시지 않을 때 빈자리[空位]를 지난다
는 것이 아니다.

71. '감추홍자지불용(紺緅紅紫之不用)'은 그것이 간색(間色)이기 때
문이 아니다.

72. 석(裼)과 구(裘)는 반드시 그 빛을 바꾼다.

73. '유상(帷裳)'은 수레의 휘장이다.

74. '고구현관불이조(羔裘玄冠不以弔)'는 이에 아직 소렴(小斂)하기
이전의 조상(弔喪)이기 때문이다.

75. '길월조복(吉月朝服)'은 감히 군신이 복장을 같이할 수 없기 때
문이다.

76. '불철강식(不撤薑食)'은 마땅히 이를 거찬(去饌)의 철(徹)처럼 읽
어야 한다.

77. '시재시재(時哉時哉)'는 꿩[雉]이 떠날 수 있는 때를 이르는 말
이다.

「향당(鄉黨)」

78. '오종선진(吾從先進)'이란 사람을 쓰되 선진(先進)으로부터 시
작한다는 뜻이다.

79. '개불급문(皆不及門)'이란 (제자들이) 위(衛)나라의 성문에 미치
지 못했음을 의미한다.

80. '사과십인(四科十人)'이란 공부자의 말이 아니다.

81. '효재민자건(孝哉閔子騫)'이란 본래 그 당시 사람들의 말이다.

82. '불가도행(不可徒行)'이란 공부자의 권사(權辭)다.

83. '유통호(有慟乎)'란 천하에 애통(哀慟)할 만한 법에 해당되는 사람이 있는가라는 뜻이다.

84. '비아야부(非我也夫)'란 다른 나라에 가 있는 두세 제자가 장차 돌아와 자신을 허물한다는 뜻이다.

85. '장부(長府)'란 돈의 이름이요, '잉구관(仍舊貫)'은 옛 돈과 같은 돈 꿰미로 한다는 것이다.

86. 자로가 비파 타는 것은 당상(堂上)의 악은 될 수 있을지언정 방중(房中)의 악은 될 수가 없다.

87. '주공보다 부유하다'는 것은 천자의 삼공(三公)보다도 부유하다는 뜻이다.

88. '명고(鳴鼓)'란 곧 대사마(大司馬)가 나라를 정벌할 때 군율(軍律)이지 사문(師門)에서 벌을 시행하는 법이 아니다.

89. '누공(屢空)'이란 곧 안회의 흠으로 말한 것이니, 마치 화식(貨殖)하는 것을 자공의 흠으로 말한 것과 같다.

90. '선인지도(善人之道)'는 곧 사람을 가르치는 방술(方術)이다.

91. 유구(惟求) 유적(惟赤) 두 절은 모두 공부자(孔夫子)의 말이다.

「선진(先進)」

92. '이인위인이위인유기(二人爲仁而爲仁由己)'란 인(仁)을 행함은 자신으로 말미암은 것이지 두 사람이 공동으로 이를 이루도록 한다는 것이 아니다.

93. '부수지소(膚受之愬)'는 마치 주리(腠理)에 병이 생기면 점차 골수로 스며드는 것과 같은 것이다.

94. '민신(民信)'이란 족식(足食) 족병(足兵)에서 말미암은 것이 아니다.

95. '석호(惜乎)! 부자지설군자야(夫子之說君子也)'는 아홉 글자가 한 구(句)인 것이다.

96. '연기(年饑)'란 곧 가설하여 묻는 말인데, 만약 철법(徹法)을 시행한다면 삼가(三家)가 공실(公室)을 4등분할 수 없다.

97. '기욕기생우욕기사(旣欲其生又欲其死)'는 전지를 나누어 주고는 부세(賦稅)를 무겁게 거둔다는 것이다.

98. '편언절옥(片言折獄)'은 마땅히 구설을 따라야 하고 '숙낙(宿諾)'도 또한 그러하다.

99. '성인지미(成人之美) 성인지악(成人之惡)'은 모두 이름으로 말한 것이다.

100. '구자지불욕(苟子之不欲)'은 욕(欲)을 욕(慾)으로 읽어서는 안 된다.

101. '찰언관색(察言觀色)'은 마땅히 구설을 따라야 한다.

「안연(顏淵)」

102. '정명(正名)'은 곧 위(衛)나라 군주의 부자 군신의 명분을 바로잡는다는 것이다.

103. '승잔거살(勝殘去殺)'은 본시 한 의미로서 거살(去殺)은 형벌을 두고 말한 것이 아니다.

104. '세이후인(世而後仁)'이란 왕자(王者)도 반드시 대를 이어나간 후에라야 천하도 인(仁)을 따른다는 뜻이다.

105. '가신(家臣)'도 또한 공조(公朝)의 정사를 함께한다.

106. '작무의(作巫醫)'란 항심이 없는 사람을 위하여 빌어 주고 약으로 치료한다는 뜻이다.

「자로(子路)」

107. '방유도곡(邦有道穀) 방무도곡(邦無道穀)'이란 치세든 난세든
     모두 녹을 먹는다는 뜻이다.

108. '극벌원욕(克伐怨欲)'을 늘어놓아 네 가지 일로 만들 수 없다.

109. '오탕주(奡盪舟)'에서 오(奡)는 한착(寒浞)의 아들 요(澆)가 아니다.

110. 조(趙)씨 위(魏)씨 가로(家老)의 직무의 번거로움은 등(滕)나라
     설(薛)나라 대부의 열 배는 된다.

111. '장무중(藏武仲)의 지 맹공작(孟公綽)의 불욕(不欲) 변장자(卞莊
     子)의 용(勇)'은 자로를 꾸짖기 위한 것이다.

112. '기연(其然)? 기기연(豈其然)'은 바로 그 실상을 알게 됨을 기뻐
     하고, 이전에 들은 것이 이치에 맞지 않음을 깨달은 것이다.

113. 환공(桓公)은 형이 아니요 자규(子糾)는 아우가 아니다.

114. '위기위인(爲己爲人)의 학'은 마땅히 구설을 따라야 한다.

115. '유심재(有心哉)! 격경(擊磬)'은 후세의 이른바 지자(知者)가 아니다.

116. '미지난(末之難)'이란 대답할 말이 없다는 뜻이다.

「헌문(憲問)」

117. '명일수행(明日遂行)'이란 군려(軍旅)의 일을 천하게 여겼기 때
     문이 아니다.

118. '재진절량(在陳絕糧)'은 마땅히 따로 하나의 장이 되어야 한다.

119. '자공(子貢)의 일관(一貫)과 증자(曾子)의 일관(一貫)'은 대소의
     구별도 없고 지행의 구별도 없다.

120. '무위이치(無爲而治)'는 22인을 얻은 데에 있다.

121. '참전(參前)·의형(倚衡)'은 마땅히 '큰 수레에 끌채가 없고 작
     은 수레에 멍에가 없다'와 같은 뜻으로 해석해야 한다.

122. '가권이회지(可卷而懷之)'는 그 용공(用功)이 나라에 도(道)가 있을 때 있었던 것이다.

123. '하(夏)·은(殷)·주(周)의 삼정(三正)'은 천·지·인 삼통(三統)이 아니다.

124. '승은지로(乘殷之輅)'는 곧 『주례(周禮)』에 나오는 오로(五輅)다.

125. '방정성(放鄭聲)'은 정풍(鄭風)을 추방한다는 것이 아니다.

126. '원려(遠慮) 근우(近憂)'는 시대로써 말하는 것이지 지역으로써 말하는 것이 아니다.

127. '여지하여지하(如之何如之何)'란 배우는 자가 스스로 슬퍼한 말이다.

128. '몰세(沒世)'의 '몰(沒)'은 마땅히 몰계(沒階)의 '몰(沒)'처럼 읽어야 한다.

129. '소불인(小不忍)'이란 부인(婦人)의 인(仁)이 아니다.

130. '뇌재기중(餒在其中) 녹재기중(祿在其中)'이란 다가올 공효에 근거하여 말한 것이 아니다.

131. '인능수지(仁能守之)'란 지위를 지킨다는 뜻이다.

132. '불가소지(不可小知)'의 '지(知)'는 마땅히 지주(知州) 지현(知縣)의 '지'처럼 읽어야 한다.

133. 백성이 인(仁)에 대해서 피하고 떠나는 것이 물과 불보다 더 심하다.

134. '유교무류(有敎無類)'는 족류(族類)와 종류(種類)가 없다는 뜻이다.

135. '사달(辭達)'의 '사(辭)'는 곧 사신(使臣)이 전대(專對)하는 '사(辭)'다.

「위령공(衛靈公)」

136. '계씨편(季氏篇)'만을 제론(齊論)으로 지목하는 것은 잘못이다.

137. '소장지우(蕭牆之憂)'란 염구(冉求) 자로(子路) 두 사람을 가리
켜 한 말이다.

138. '십세(十世)'는 천자의 십세가 되고 '오세(五世)'는 대부의 오
세가 된다.

139. '대부사세(大夫四世)'는 두루 삼환(三桓)의 가(家)를 지칭한 것
이다.

140. '익자삼락(益者三樂) 손자삼락(損者三樂)'은 마땅히 음을 '낙
(洛)'으로 읽어야 한다.

141. '군자삼외(君子三畏)'는 모두 길흉화복으로 말한 것이다.

142. '생지(生知)·학지(學知)·곤학(困學)·곤이불학(困而不學)'은 기
질에서 말미암은 것이 아니다.

143. '은거행의(隱居行義)'는 곧 백이·숙제이므로 나누어 두 장으
로 해서는 안 된다.

「계씨(季氏)」

144. '왈불가(曰不可) 왈불가(曰不可)'는 양화(陽貨)가 스스로 묻고
스스로 답한 것이다.

145. '성상근(性相近)'이란 두루 상지(上知)와 하우(下愚)를 꿰뚫어서
말한 것이요, 아울러 상·중·하 세 등급의 성(性)은 없다.

146. '상지하우(上知下愚)'는 일신의 이익을 도모하는 데 잘하고 못
하는 것이지 성품의 높고 낮음이 아니다.

147. '불이(不移)'란 다른 사람에 의해 옮겨지지 않은 것이고, 앉은
자리를 조금도 옮기지 않음을 말한 것이 아니다.

148. '오기위동주(吾其爲東周)'란 곧 노(魯)나라를 비(費) 땅으로 옮기는 것을 뜻하는 은어(隱語)다.

149. '필힐지소(佛肹之召)'는 천하에 정사를 펼 기호가 있기 때문이다.

150. '주남(周南) 소남(召南)'은 현송(弦誦)을 주로 하여 말한 것이다.

151. 예악의 근본은 인에 있다.

152. '도청도설(道聽途說)'은 입이 가벼운 사람이다.

153. '고지긍(古之矜) 금지긍(今之矜)'은 마땅히 '견(獧)'자의 잘못이다.

154. '찬수개화(鑽燧改火)'는 1년에 한 번 바꾸는 것이다.

155. '재아지대왈안(宰我之對曰安)'은 바로 당면(當面)하여 굴복을 기꺼워하지 않은 것이지, 그의 마음속에 참으로 편안한 것은 아니다.

156. '박혁유현(博奕猶賢)'은 그의 품성을 가지고 말한 것이다.

157. '요이위회(徼以爲知)'는 남의 말을 미리 차단하고 자신이 이미 본래 알고 있는 체하는 것이다. 「양화(陽貨)」

158. '대지이계맹지간(待之以季孟之間)'이란 뇌례(牢禮)로써 예우하겠다는 것을 말한다.

159. '도도(滔滔)'는 바로 큰물이 난 모양이니, 천하가 모두 어지러워져서 마치 큰물을 건너고자 해도 나루터가 없다는 것과 같다는 것이다.

160. '수이역지(誰以易之)'란 공자와 더불어 생활을 바꾸지 않겠다는 뜻이다.

161. '살계위서(殺鷄爲黍)'의 서(黍)는 각서(角黍)이다.

162. '우중(虞仲)'은 중옹(仲雍)의 증손이다.

163. 육반(六飯)은 제후들의 예다.

「미자(微子)」

164. '일지(日知) 월무망(月無忘)'은 곧 일취월장(日就月將)이다.

165. '박학독지(博學篤志)' 장은 마땅히 위에 나온 '현현역색(賢賢易色)' 장과 합해서 보아야 한다.

166. '대덕(大德) 소덕(小德)'은 마땅히 구설을 따라야 한다.

167. 자유(子游)의 이른바 근본은 곧 마음을 다스리고 본성을 다스리는 것이다.

168. '부신(父臣) 부정(父政)'은 마땅히 구설을 따라야 한다.

「자장(子張)」

169. '천지역수재이궁(天地曆數在爾躬)'이란 순(舜)이 바야흐로 역상을 관장하고 있음을 말하는 것이다.

170. 공안국의 주(註)와 묵자의 설은 매색(梅賾)이 위조한 철안(鐵案)이다.

171. '주친(周親)'이란 곧 희씨(姬氏)요 인인(仁人)이란 곧 미자(微子)와 기자(箕子)다.

172. '사방지정(四方之政)'이란 곧 요와 순이 사악(四岳)을 순수(巡守)하면서 행한 정사(政事)다.

173. '민식상제(民食喪祭)'를 네 가지의 것으로 늘어놓아서는 안 된다.

174. 노론(魯論) 한 부(部)는 '학(學)'으로 시작하여 '명(命)'으로써 끝맺었으니, 곧 하학상달(下學上達)의 뜻이다.

이상 지루하게 열거한 다산의 새로운 견해들은 다산 논어입문의 첩경으로서 숙독(熟讀) 음미하면 수사학적 공자학의 면모가 눈앞에 분명하게 나타날 것이다.

2. 향인지애 - 인·덕·서

다산『논어』의 허다한 새로운 해석 중에서도 가장 핵심적인 공적을 손꼽는다면 그것은 두말할 것도 없이 인의 해석이라고 하지 않을 수 없다. 인에 있어서도 또한 다산은 주자의 해석과 맞선 점에서 그들의 학문적 입장이 크게 엇갈리게 됨을 볼 수가 있을 것이다.

다산의 인론을 살펴보기 전에 먼저 주자의 인론을 보면 그는『논어』및『맹자』주에서 한결같이,

> 인이란 사랑의 이치이며 마음의 덕이다.[仁者 愛之理 心之德也]

라 하였고 그의『중용』주에서는

> 인은 천지가 사물을 낳는 마음으로 사람이 얻어서 태어난 것이니,
> 『주역』「건괘·문언전(文言傳)」에 이른바 '원(元)은 선(善)의 으뜸'
> 이란 것이다.[仁者 天地生物之心而人得以生者 所謂元者善之長也]

라 하여 형이상학적 원리로 간주하고 있다. 그러므로 다산은,

> 인(仁)을 리라 한다면 사서 및 시·서·역·예 중에 나오는 인
> 자는 다 읽기 어려운 것이 될 것이다.

라 하여 비판적인 반대 의견을 개진하였다. 그렇다면 다산은 인을 어떻게 이해하고 있는 것일까. 그는 인을 오로지 윤리적 인간관계로 해석하였으니「답이여홍서」에서

인(仁)이란 이인(二人)이다. 옛날 인의 전자(篆字)는 인인(人人)을 포개서 썼으니 마치 전문(篆文) 손자(孫字)는 혈혈(孑孑)을 포개서 쓴 것과 같다.

하였으니 인(仁)자의 모양이 인인(人人)을 포개서 쓴 것은 그것이 바로 사람과 사람과의 두 사람 관계를 상징한 것이라는 해석이다. 그것은 이미 옛날 자서인 『설문』에서도 "인은 두 사람이다[仁者二人也]"라 한 것은 이를 뒷받침해 주는 것이 아닐 수 없다.

다산은 이를 좀 더 풀어서 『논어고금주』에서 다음과 같이 설명한다.

인(仁)이란 두 사람이 서로 관여하는 것이다. 효로써 어버이를 섬긴다면 인이 되는 것이니 부와 자는 두 사람이다. 제로써 형을 섬긴다면 인이 되는 것이니 형과 제는 두 사람이다. 충으로써 군왕을 섬긴다면 인이 되는 것이니 군과 신은 두 사람이다. 자로써 목민한다면 인이 되는 것이니 목과 민은 두 사람이다. 부부, 붕우에 이르기까지 무릇 두 사람의 사이에서 그의 도리를 극진히 한다면 모두 인인 것이다.

라는 설명은 인이란 두 사람의 인간관계에서 스스로의 도리를 극진히 함을 이르는 말임은 다시 말할 나위도 없다. 그렇다면 사람의 도리를 극진히 다한다는 것은 구체적으로는 어떻게 실행하는 것일까. 이에 다산은 『논어고금주』에서,

인(仁)이란 향인지애(嚮人之愛)인 것이다. 자는 부를 향하여 제는 형을 향하여 신은 군을 향하여 목은 민을 향하여 무릇 사람과 사람은 서로 향(嚮)하여 애연(藹然)히 그를 사랑한다면 이를 일러 인이라 하는 것이다.

하였으니 인이란 한 마디로 말해서 상대적인 타인을 사랑하는 것이다. 더 줄여서 말한다면 인이란 '남을 사랑하는 것'이 된다. 또 달리 표현한다면 '남에게 주는 사랑'이라고 할 수 있다. 향인이란 바로 남에게 주는 자세이기 때문이다.

그러므로 또 다음과 같이 말하기도 한다.

> 인(仁)이란 인인이니 사람과 사람이 제 본분을 다하는 것을 인이라 이르지 심덕은 인이 아니다.

심덕이란 바로 주자가, 이른바 심지덕(心之德)이라고 해석한 것을 가리킨 것임은 의심의 여지가 없다. 인이 심덕이 아니라면 인이란 사람의 도리를 다하는 실천궁행의 도가 아닐 수 없다. 그러므로 다산은 인의 윤리적인 평가를 다음과 같이 내리고 있다. 『논어고금주』에서,

> 인이란 인륜의 지극한 선행이다.

라 하고 이어서 천인관계에까지 문제를 끌고 가서 다음과 같이 말하고 있다.

> 하늘이 사람의 선악을 살핀다 하더라도 항상 인륜관계에서 살피는 것이다. 그러므로 사람이 수신사천(修身事天)한다 하더라도 또한 인륜관계에다 힘을 기울이는 것이다(『중용자잠』).

라 한 것은 다산의 윤리적 종교관계의 일단을 보여 주는 것이 아닐 수 없다.

인을 실천윤리적 지선으로 본 다산은 또다시 다음과 같이도 말하고 있다.

인이란 인륜의 성덕이다(『논어고금주』).

여기서 다산은 인이란 인륜관계―부자·형제·부부·붕우·목민 등등―에 있어서 이루어진 덕이라 하였는데 이 덕이란 과연 어떻게 이해되고 있는 것일까. 앞서 대학절에서 이미 명덕을 효제자로 이해한 바도 있거니와 여기서는 덕이란 한 글자만 가지고 다산과 주자와의 견해차를 살펴보고 넘어가야 할 것 같다. 왜냐하면 이 덕의 이해에 있어서도 이미 다산의 실천윤리학적 입장과 주자의 심성론적 입장이 뚜렷하게 갈려 있기 때문이다.

주자는 『논어집주』 '위정이덕(爲政以德)' 장의 주에서,

덕(德)이란 말은 얻는다는 뜻이니, 도(道)를 행하여 마음에 얻음이 있는 것이다[德之爲言 得也 行道而有得於心也].

똑같은 장에서 다산은,

덕이란 곧은 마음이다[德者 直心也].

라 하였고 『중용자잠』에서는,

덕이란 나의 곧은 마음을 행한 것이니, 행하지 않으면 덕도 없다. 효제충신과 인의예지는 이를 잘 실행한 것을 일컫는 덕이다.

아직 몸소 실행하지 않았다면, 어떻게 덕이 있겠는가?[德者行吾
之直心也 不行無德也 孝弟忠信仁義禮智 斯謂之德 未及躬行 安有德乎]

라 하였는데, 이로써 다산에 있어서의 덕은 직심(直心)일 뿐만이 아
니라 직심이 행동으로 옮겨진 성과인 것이다. 그러므로 그는 불행무
덕(不行無德), 곧 행동 없이는 덕이란 있을 수 없음을 분명히 하였다.
따라서 효제충신 인의예지 그 어느 것이나 실행을 통하여 덕을 이루
어 성덕되므로 여기서 다산의 행동주의 및 결과적 입장을 분명히 알
수가 있다.

그러므로 덕이란 심성이 아니라 행사(行事)의 성과이므로 다음과
같은 표를 만들 수 있다.

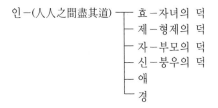

다시 말하면 인의 성과가 다름 아닌 덕인 것이다. 그렇다면 인에
서 덕이 되게 하는 자는 무엇일까. 다산은,

하나[一]란 서(恕)이다. 서를 행하여 인을 완성한다[一者恕也 行
恕而成仁](『논어고금주』).

라 하였으니 '서(恕)'는 곧 성인(成仁) 성덕(成德)하는 열쇠이므로 여기
서 아울러 서의 문제에도 한 마디 언급하고 넘어가지 않을 수 없다.

서론(恕論)에 따른 쟁점에는 두 가지가 있으니, 하나는 중심행서론 (中心行恕論)과 추서론(推恕論)이다.

주자는 「이인」편 충서(忠恕)의 주에서,

> 자기를 극진히 하는 것을 충이라 하고, 자기를 미루는 것을 서 라 한다[盡己之謂忠 推己之謂恕].

라 하였는데 이는 충서이물론(忠恕二物論)이다. 다시 말하면 충과 서 는 별개의 것으로서 양자를 평렬 동등한 덕목으로 간주하였다. 그러 나 다산은 이를 다음과 같이 비판하면서 충은 서의 수식어에 지나지 않음을 설파하였다.

> 서는 하나이면서 모든 것을 관통하는 것이다. 그것을 일러 충서 라 하는 것이니 중심행서(中心行恕)이다. 만약 기필코 자기를 극 진히 하는 것을 충이고 자기를 미루는 것을 서라 한다면, 충서 가 둘이 되어버리니, 불가할 듯하다[恕者以一而貫萬者也 謂之忠恕 者 中心行恕也 若必盡己之謂忠 推己之謂恕 則忠恕仍是二物 恐不可也 (『중용자잠』)].

충서는 연구(連句)로서 충·서를 따로 떼어서 생각할 수 없다는 이 야기다.

> 자기를 극진히 하는 것을 충이라 하고, 자기를 미루는 것을 서 라 한다. 그러나 충서는 대대(待對)하는 것이 아니다. 서는 그것 의 근본이고 그것을 행하는 것은 충이다[盡己之謂忠推己之謂恕也 然忠恕非待對之物 恕爲之本而所以行之者忠也](『논어고금주』).

는 이 점을 더욱 분명히 한다. 그러므로 서 한 자만이 공자 일관지도의 요체인 것이다.

유학에는 전도법이 따로 없다. 그러나 서(恕) 한 글자를 가지고 『논어』·『맹자』·『중용』·『대학』에 임하면 그중의 천언(千言)만어(萬語)가 서(恕) 한 글자의 해석 아님이 없으니 공부자의 도는 진실로 이 한 서자일 따름이다(같은 책).

라 한 것은 이를 두고 이른 말이다. 어쨌든 서(恕)에는 두 가지의 의미가 있는데 하나는 '추서(推恕)'요 다른 하나는 '용서(容恕)'로서 주자의 서론에서는 이 점의 변별이 모호하므로 다산은 이 점에 대하여 공자의 서는 추서일 따름인 것을 다음과 같이 말하고 있다.

서에는 두 가지가 있으니, 하나는 추서이고, 하나는 용서이다. 고경에는 추서만 있었고 용서는 본래 없었다. 주자가 말한 것은 용서이다.……사람과 사람이 함께 교제하는 것을 이르는데, 여기에는 추서가 그 중요한 법도가 된다. 옛 성현이 말한 서는 모두 이러한 뜻이다[恕有二種 一是推恕 一是容恕 其在古經止有推恕 本無容恕 朱子所言容恕也……謂人與人之交際 惟推恕爲要法也 先聖言恕皆是此義](『대학공의』).

그러므로 공자의 도는 인-서-덕에 의하여 실천되는 인간도임을 이로써 알 수가 있다.

제5절 시경

　　『시경』은 공자의 시정신이 깃들여 있는 경서로서 총 305편의 시
가 수록되어 있다. 그러므로 공자는 『논어』(「위정」)에서 "『시경』 3
백편의 시를 한 마디 말로 하면 생각에 사특함이 없다는 말이다[詩
三百 一言而蔽之 曰思無邪]"라 하였는데 이에 대하여 다산은 그의 『시
경강의』에서,

> 공자는 시 삼백이라 칭하였으니 그 수가 서로 부합되므로 그 편
> 수에는 잔결(殘缺)이 없다.

고 하여 『시경』이야말로 원형 그대로 오늘에 전해지고 있는 경서
의 하나임을 확인하고 있다. 『시경』에 따른 다산의 저술로는 『시경
강의』와 『시경강의보』가 있는데 전자는 신해년(1791) 가을에 있었던
정조의 시경조문(詩經條問) 100여 장에 따른 대답의 형식으로 이루어
졌고 후자는 전자의 문답에서 빠졌다고 생각되는 문제들을 모아 보
유의 형식으로 경자년(1810) 봄에 다산초당에서 저술된 것이다. 그

러므로 이 두 저술을 음미함으로써 다산의 시문학정신을 이해할 수 있을 것이다.

1. 풍간과 풍화

다산은 그의 「자찬묘지명」에서,

> 시(詩)란 간림(諫林)이다. 순임금 시절에는 오성[五聲, 궁(宮)·상(商)·각(角)·치(徵)·우(羽) 육률[六津, 황종(黃種)·태주(太族)·고선(姑洗)·유빈(蕤賓)·이칙(夷則)·무역(無射)]로서 오언(五言)을 받아들였으니, 오언이란 육시[六詩, 풍(風)·아(雅)·송(頌)·비(比)·부(賦)·흥(興)] 중의 다섯 가지인 것이다. 풍(風)·비(比)·부(賦)·흥(興)이 아(雅)와 더불어 다섯이 되는데 오직 묘송(廟頌)만은 그 안에 들지 않는다. 이를 고몽(瞽矇, 악사)들이 아침저녁으로 풍송(諷誦)하였다. 노래란 악기에 맞추어 합창하여 왕으로 하여금 그 가운데 선한 것을 듣고 느낌으로써 분발하며 그 가운데 악한 것을 듣고 징계하도록 하는 것이다. 그런 까닭에 시의 포폄은 『춘추』보다도 엄하다. 임금이 이를 두려워하는 까닭에 시가 없어져서 『춘추』가 지어졌다고 한 것이다. 풍·비·부·흥은 풍자하자는 것이요 소아·대아는 바른 말로 간하는 것이다.

라 한 것을 보면 시의 기능 중에 간언(諫言)으로서 차지하는 비중은 절대적인 것이다. 그러므로 시의 풍·부·비·송·흥은 간접적인 간언이라 한다면 아(雅)만은 정간(正諫)에 속한다고 할 수 있다. 간언(諫言)이란 비판이요 고발인 것이다.

다산은 그의 『시경강의』에서,

> 이제 만일 미자(美刺) 두 글자를 버리고서 시를 시로 여기고자

한다면 아마도 포폄(褒貶) 두 글자를 버리고서 춘추로 여기고자
하는 것과 같지 않겠는가.

라 하여 시란 풍자와 찬미의 두 가지 기능에 의하여 선(善)에 감발하
며 악(惡)을 징벌하게 됨을 의미한다. 다산의 시관(詩觀)은 윤리적이
라 하는 까닭이 여기에 있는지도 모른다. 그것은 곧 다산은 시의 선
에의 찬미보다는 악의 징치(懲治)와 비판을 더욱 강조하고 있다. 그
것은 곧 시란 간립이라 정의한 그의 저의에서 이를 짐작하게 한다.
그는 주자의 풍화설(風化說) 비판에서도 이 점을 더욱 뚜렷하게 밝히
고 있다. 그는 그의 『시경강의보유』에서,

풍에는 두 가지 뜻이 있고 음도 또한 두 가지로서 그의 지취(指
趣)는 전연 달라 서로 통할 수가 없다. 상이 풍으로써 하민을 교
화한다면 그것은 풍교요 풍화요 풍속이요 그 음은 평성이 된다.
하민이 풍으로써 자상(刺上)한다면 그것은 풍간이요 풍자요 풍
유요 그 음은 거성이 된다. 어찌하여 풍자 한 자가 쌍으로 두
뜻을 머금고 두 음에 걸터앉을 수 있겠는가.

라 하여 풍에는 풍자와 풍화의 두 가지 기능이 있건만 주자는 다산
과는 달리 전자인 풍자는 버리고 후자인 풍화만을 취하고 있음을 계
속하여 다음과 같이 지적 비판하고 있다.

주자의 『시집전』은 풍자는 제거하고 풍화만 남겨두었다. 그러
나 풍자의 뜻을 여기에서 강론할 수 있다[朱子集傳 削去風刺 孤存
風化 雖然 風刺之義 因可講也].

시론에 있어서도 주자와 다산은 이처럼 보는 각도를 달리하고 있

으니 다산의 근대시의 정신이 오로지 사실적인 비판정신으로 다져
져 있다는 사실 자체도 간림으로서의 그의 고전적 시정신의 계승이
라는 사실에 연유하고 있다고 이르지 않을 수 없다.

2. 조문조대사례

정조의 시경조문 800여 장에 따른 다산의 조대(條對) 중에는 주자
집주와 그 뜻을 달리하는 바 적지 않으므로 이에 그 본보기를 추려
다음에 예시하려고 한다.

> 주자의 변설을 읽으면 그가 얼룩진 것을 꾸짖으며 잘못을 가려
> 내되 분명하고 통쾌하며 조리가 치밀하여 수많은 사람들의 의
> 혹을 풀어주기에 넉넉하므로 비록 모(毛)·정(鄭)이 다시 살아난
> 다 하더라도 대꾸할 말이 없을 것이다. 그러나 고교(考校)함이
> 그리 넓지 못하고 채척(採摭)할 때 빠진 것이 있어서 그가 단정
> 할 때 그릇 판단한 대목이 없지 않으며 선진시대나 서한시대의
> 글이 엇갈려 나와서 이를 증명하고 있으니 백주시(柏舟詩)의 인
> (仁)이라거나 적금시(赤襟詩)의 학교라거나 목과(木瓜)는 제환(齊
> 桓)을 찬미하고 고구(羔裘)는 자피(子皮)를 비난한 것들은 이제
> 이미 더 말할 나위 없이 분명한데 누가 이를 잘못이라 하겠는
> 가. 하물며 자음시(刺淫詩)를 주자는 음인(淫人)이 지은 것이라
> 하니 그렇다면 "『시경』 3백 편의 시를 한 마디 말로 하면 생각
> 에 사특함이 없다는 말이다[詩三百 一言而蔽之 曰思無邪]"란 지나
> 친 말이 아닌가. 이에 소서(小序)에 가담하고 주자의 뜻을 배척
> 하는 자가 시끄럽게 떠들기만 하되 금지시킬 길이 없다는 것은
> 또한 우리의 불행인 것이다(「총론」).

이로써 시에 있어서도 다산은 주자의 소론을 철두철미 비판적 입
장에서 다루고 있음을 엿볼 수가 있다.

……정(鄭)·위(衛)의 시는 정(鄭)·위(衛)의 음이 아니다.……대체
로 군신이나 부부나 붕우는 의리로 합하게 되었으니 그 사정이
서로 비슷하다. 그러므로 군신이나 붕우의 사이도 시어를 택하
되 남녀관계에 의탁하는 것은 시가의 본법인 것이다.……요컨대
정·위(鄭·衛)의 시도 이와 같이 남녀에 의탁한 것일 따름이다
(「국풍」).

라 한 것을 보면 정·위(鄭·衛)의 시도 남녀에 가탁한 시인의 작품
이란 점에서는 주남(周南)·소남(召南) 등의 정풍시(正風詩)와 조금도
다르지 않음을 알 수가 있다.

두 시는 반드시 후비의 자작이라고 할 수가 없다(「주남」).

는 것은 "이 시는 후비가 스스로 지은 것이다[此詩后妃所自作]"라는
주자의 설에 대한 이의인 것이다.

30의 남자와 20의 여자는 예회(禮會)를 기다리지 않고 성혼한다.
또 흉년에는 예물을 줄여서 다혼(多婚)하며 예를 갖추지 않고 결
혼하는 자[奔者]도 금하지 않는 것은 성왕이 민의를 살펴주기
때문이다(「요요(姚夭)·표유매(標有梅)」).

라 한 것은 유가의 엄격한 예법에서 벗어난 비례적(非禮的) 해석이라
는 점에서 주목된다.

간행(諫行) 언청(言聽)하고 위임(委任)하여 이루어지기를 바라면
나의 떠나고 머무는 것은 사직의 존망과 유관한지라 생사 간에
떠나가야 한다는 이유는 없다. 그러나 간언(諫言)도 실행되지 않
고 충언(忠言)도 들어주지 않으며 그저 사환(仕宦)의 자리만 지키

는 자라면 신발 신은 채 하루도 기다리지 않고 떠나버려도 되는 것이니 이것도 또한 군자의 의리인 것이다. 이렇게 생각한다면 현자가 혹 떠나거나 죽거나 하는 것은 오직 군왕의 은혜나 예의에 달린 것이니 일률적으로 국가의 위급을 구제해야 하는 충성을 무조건 신하에게만 요구하는 것은 불가한 것이다. 국가의 보직도 없이 오직 국난에만 참여한다면 어찌하여 소위 명철보신(明哲保身)한다고 하겠는가. 군왕은 이 점에 있어서 마땅히 두렵게 생각하며 자성해야 할 것이다(「북풍(北風)」).

라 한 것은 군신 간이란 의리로 맺어진 사이인지라 상향적인 충보다도 하향적인 은례가 선행되어야만 넘어진 자를 도와 어려움을 극복하는 충성을 요구할 수 있음을 강조하고 있다. 이는 절대적 충의사상이 아니라 하향적 은례(恩禮)가 선행되는 조건부의 충의사상임을 보여주고 있다. 여기서 다산의 하향적 목민자의 사상이 정립되기에 이르렀다고 보아야 할 것이다.

정풍(鄭風)에는 음시(淫詩)란 없고 거기에는 있는 남녀의 설은 다 자음시(刺淫詩)인 것이다. "3백 편의 시를 한 마디 말로 하면 생각에 사특함이 없다는 말이다[詩三百 一言以蔽之曰 思無邪]"라 했거니와 3백 편의 시를 한 마디 말로 하면[詩三百 一言以蔽之曰] 현인군자(賢人君子)의 작(作)인 것이다(「숙우전(叔于田)」).

라 한 것은 시가 풍림(諷林)임을 거듭 천명한 것이라 하지 않을 수 없다.

유지(有志)의 선비는 매양 풍우가 소쇄(瀟灑)하고 별과 달이 어두울 제 홀로 잠들지 못하고 수사(愁思)가 요란(擾亂)하면 강개(慷慨)하여 세상을 걱정하고 옛날을 그리워하는 마음을 갖게 되며 현호(賢豪)한 선비와 더불어 가슴을 헤치고 종횡으로 담소하며 그의 일울(壹鬱)한 마음을 서창(舒暢)하고자 생각할 것이니 이것이야말로 풍인지의(風人之意)인 것이다. 그저 이런 때에 연완(燕婉)의 낙(樂)을 가슴 깊이 생각하면서 혼명(昏冥)한 행동에 빠진다면 어찌 소위 사무사(思無邪)라 이르겠는가「풍우(風雨)」.

라 한 것은 주자가 이를 음시(淫詩)로 규정한 데 대한 비판인 것이다.

백일 일하고 취하는 것쯤이야 군자는 이로써 지나치다고 생각하지 않는다. 한 해가 가고 농사도 끝맺으며 술도 빚어 놓고 북을 울리며 노인들을 즐겁게 해드리는 것은 또한 선왕의 지극한 다스림인 것이니 어찌 태과(太過)하다 하겠는가「산유추(山有樞)」.

라 하여 이 시도 주자가 생각하듯 황음(荒淫) 태오(怠傲)의 풍속에서 나온 것이 아님을 주장한 것이다. 이 역시 주자설에 대한 반론인 것이다.

이상과 같이 조문조대(條問條對) 중 몇 가지 사례의 일단을 살펴보는 데 그치고 다음으로 넘어가도록 하겠다.

3. 보유의 사례

주자가 이른바 "주공으로 하여금 국중(國中)에서 정사를 다스리게 하고, 소공은 제후들에게 교화를 펴게 하였다. 이에 덕화(德化)가 크게 안에 이루어져서 남방의 제후국과 강(江)·타(沱)·여(汝)·한(漢)의 사이에 있는 나라들이 모두 따라서 교화되지 않음이 없었다[使周公 爲政於國中 而召公宣布於諸侯 於是 德化大成於內 而南方諸侯之國 江沱汝漢之間 莫不從化]"(「주남」)는 설에 대하여 다산은 이를 반박하여 이르기를,

이남(二南)의 여러 시에 문왕을 표시한 것은 꼭 문왕과 관계있다 고만은 할 수가 없다. 그것이 이치에 가까운 것은 잠시 그에 따른다 하더라도 이치에 가깝지 않은 것은 초연히 공정하게 관찰하여야 한다. 이것이 시를 읽는 방법인 것이다. 옛날에 천하를 동서로 2분하여 이백(二伯)으로 하여금 이를 주관하게 하였으니 이는 모름지기 천하를 통일한 자만이 할 수 있는 일이었다. 그런데 문왕의 신분은 서백으로서 어떻게 또한 스스로 다른 2백을 마련할 수 있었을 것인가. 주·소 둘로 나눈 것도 대체로 무왕 말이요 덕화가 남국에 미친 것도 반드시 성왕세대였을 것이니 왜냐하면 무왕이 극상(克商)한 지 7년 만에 붕거(崩去)하였으니 비록 포려(蒲廬)처럼 잘 자라는 수종이라도 10년이 아니고서는 천하에 흡족하게 번질 수 없기 때문이다. 2남의 여러 시는 반드시 남국인의 작품만으로 칠 수도 없으려니와 또한 반드시 2공이 순행할 때의 작품이라고 할 수도 없다.……시를 잘 다루는 자는 시대에 구애하지도 않고 강역에 제한을 받지도 않으며 그 사류를 나누되 상하조응(上下照應)의 묘를 정찰하고 그의 음조(音調)를 나누어 율려서질(律呂徐疾)의 분(分)을 밀험한다면 이남편시(二南編詩)의 방법은 앉아서 가히 알 수가 있을 것이다(「주남」).

라 한 것은 시경의 전편을 읽는 독시방법(讀詩方法)으로서 제시된 기본적인 지침이라 해야 할 것이다. 이 지침은 주자가 이른바 이남문왕설(二南文王說)을 변박(辨駁)한 다산의 중요한 문장 중의 하나이기도 한 것이다.

관저(關雎)·갈담(葛覃)·권이(卷耳) 이 삼시(三詩)에 관한 주자와 다산의 견해에는 많은 차이를 보여 주고 있으므로 그중 몇 가지를 추려 보면 다음과 같다. 먼저 다음 구절을 음미해 보자.

서에서 애(哀)·상(傷) 두 글자를 가지고 애이불상(哀而不傷)이라는 말과 상응시킨 것은 지극히 누졸(陋拙)한 견해다. 애이불상(哀

而不傷)은 권이시(卷耳詩)를 가리킨 말이다.……삼 편의 시가 다
같이 수편(首篇)의 제(題)를 딴 것은 고인들이 칭시(稱詩)하는 법
례인 것이다. 관저라 이른 것은 관저가 수편(首篇)이 되고 갈담·
권이는 그 가운데 포함되어 있다는 것이니 관저는 즐겁되 지나
치지 않고[樂而不淫] 갈담은 부지런하되 원망하지 않으며[勤而不
怨] 권이는 슬프되 상하지 않는[哀而不傷]지라 주자와 공자의 말
을 합하여 이를 관찰한다면 그 의미가 더욱 요연(瞭然)해진다.
권이의 시에서 "길이 그리워하지 않으리라, 길이 슬퍼하지 않으
리라.[維以不永懷 維以不永傷]" 하였으니 소위 슬퍼하되 상하지 않
음[哀而不傷]이 아닌가. 옛날에 시악(詩樂)에서는 반드시 세 편을
취하였다. 그러므로 향연례(鄕飮燕禮) 등에서 주남인즉 관저·갈
담·권이를 취했고 소남인즉 작소(鵲巢)·채번(采蘩)·채빈(采蘋)
을 취하였으니 가히 짐작할 수 있다(「관저·갈담·권이」).

고 한 것을 보면 『시경』 수장은 관저·갈담·권이 삼 편을 하나로
합하여 관저라 칭했기 때문에 주자가 공자의 말을 인용하여,

공자께서 "「관저」는 즐겁되 지나치지 않고, 슬프되 상(傷)하지
않았다" 하셨으니, 내 생각하건대, 이 말씀은 이 시를 지은 자가
성정(性情)의 올바름과 성기(聲氣)의 화(和)함을 얻었음을 말씀한
것이라고 여겨진다[孔子曰關雎 樂而不淫 哀而不傷 愚謂此言 爲此詩
者 得其性情之正 聲氣之和也].

라 한 말의 의미를 이해할 수가 있을 것이다.
　그러나 주자는 삼 편 중 첫 편만을 관저라 했고 다산은 삼 편을
합하여 관저라 한 데에 기본적인 견해차를 보이고 있다.
　다음은 작자의 문제인데 주자는 관저의 작자는 미상이나 후비를
지칭한 시라는 점에서 주나라 문왕 측근의 작(作)이요 갈담·권이 두
편은 후비 자작이라는 설을 내세웠는데 다산은 '재주지하(在洲之河)'

의 하(河)에 대하여

하(河)란 황하이다. ……(모두) 황하(를 가리키지) 다른 강물이
아니다. 주자가 기필코 북방 강물의 통명(通名)이라 여겼던 것은
관저의 시를 문왕 궁인의 작품으로 보고 싶은데 당시 문왕의 거
처가 황하 부근에 있지 않았기 때문에 이와 같이 해석한 것이
다. 일찍이 그것을 논구해보건대, 천여 년 후에 태어난 선비는
선왕의 전적을 상고하여 그 단서를 찾고 그 숨은 뜻을 발굴해야
한다. 한 글자라도 눈에 거슬리는 것이 있으면, 그것을 붙잡아
외로운 등불로 삼아 한 줄기 작은 길을 찾아야 한다. 이 시의
하(河)라는 한 글자야말로 바로 화로 가운에서 번쩍이는 금빛이
니, 이 시는 기풍 사람의 작품이 아님이 이미 분명하지 않은가
[河者 黃河也……黃河 非他水也 朱子必以爲北方流水之通名者 盖欲以
關雎之詩 爲文王宮人之作 而當時文王之居 不在黃河之側 故訓之如是也
竊嘗論之 士生千載之下 泝考先王之典 尋其墜緖 發其秘局 凡有一字之
礙眼者 正宜執之爲一點孤燈 因之覓一線微徑 此詩之河一字 正是爐中躍
金 此詩之非岐豐人所作 不旣明乎].

다산은 관저시의 작자에 대하여 대체로 다음과 같이 추리하고 있다.

'저구(雎鳩)'는 지조(鷙鳥, 맹수猛禽)이고, '관관(關關)'이란 새들
의 지저귐이다. 조화로우면서도 사납고 즐거우면서도 분별이 있
으니 제비나 참새 등과는 같지 않다. '일닐설설(昵昵媟媟)'에는
음란하고 더럽다는 의미가 있다. 하주(河洲)는 아주 은밀한 곳으
로 대하(大河) 가운데에 이러한 소하(小洲)가 있으니, 인적이 닿
지 않는 곳이다. 여기에서 화락함에는 부끄러워할 줄 아는 것을
귀하게 여긴다. 그래서 "요조숙녀는 군자의 좋은 짝이라."고 했
다. 요조(窈窕)란 심수(深邃)이다. 부인의 의리는 규달(閨闥, 규방)
에서는 깊어지고자 하고, 곤역(閫閾)에서는 엄숙하고자 하며, 유
박(帷薄, 침실)에서는 은밀하고자 하고, 언동(言動)은 고요히 하
고자 하니, 이것이 요조(窈窕)가 정숙한 이유이다. 생각하건대,
강왕의 시대에 왕과 후비는 간혹 공개적인 곳에서 행락을 누렸

다. 그래서 시인이 이와 같이 풍유(風喩)하였다. 그 뜻은 신하와 자식의 충애(忠愛)이고, 그 의리는 건곤의 배합이며, 그 덕은 화경(和敬)의 지극함이고, 그 음은 한없이 귀에 가득하니, 어찌 삼백편의 첫머리가 될 수 없겠는가[雎鳩者鷙鳥也 關關者和鳴也 和而能鷙 樂而有別 非如燕雀鴛鴦之等 眤眤媟媟 有淫褻之意者 河洲深密之地 大河之中 有此小洲 人跡之所不到也 於此乎和樂 貴有恥也 故曰窈窕淑女 君子好逑 窈窕者深邃也 婦人之義 閨闥欲深 闥闕欲嚴 帷薄欲密 言動欲靜 此窈窕之所以爲淑也 意者康王之時 王與后之行樂 或在光顯之處 故詩人風喩如是 其志則臣子之忠愛也 其義則乾坤之配合也 其德則和敬之至也 其音則洋洋乎盈耳也 如之何其不可爲三百篇之冠冕乎].

를 보면 이는 시인의 풍유(風喩)로서 아마도 강왕시(康王詩)의 작이 아닌가 했을 따름이다. 그러므로 주자의 문왕시 궁인(宮人) 또는 후비(后妃)의 자작설은 여기서 그 빛을 잃게 되었다고 하지 않을 수 없으며 이로써 관저시의 본연의 의미를 되찾게 되었다고 하지 않을 수 없다.

모름지기 『시경』에 있어서도 다산과 주자와의 거리는 이렇듯 멀기만 하다.

제6절 서경

다산이 『서경』에 관심을 갖기 시작한 것은 다산초당으로 옮긴 지 (1808) 2년 후인 1810년 가을에 『상서고훈수략』을 편술한 데서 비롯한다. 이때에 그는 이미 『주역사전』의 저술을 끝내고 예서·춘추·시경 등의 정리에 손을 대던 무렵이다. 그가 같은 책 서설에서 대강 다음과 같이 말한다.

> 오경 중에서도 『상서』만큼 갈가리 찢겨진 책도 드문데 다행히 28편만이 없어지지 않고 남아 있다. 이에 복벽금문(伏壁今文)에는 구양(歐陽)·하후(夏侯)·마(馬)·정(鄭) 삼가(三家)의 설이 있고 공벽고문(孔壁古文)에는 마융(馬融)·정현(鄭玄) 이자(二子)의 주(註)가 있는데 복학(伏學)은 영가(永嘉) 때 없어졌고 공학(孔學)은 당대(唐代)에 없어졌으니 지금 세상에 돌아다니는 것은 공안국(孔安國)의 전으로서, 곧 이것은 매씨의 안서(贋書)라 비록 그의 고훈에 다소 근본이 있다 하더라도 그것은 이미 조작한 것들이니 어찌 이를 굳이 믿을 수 있겠는가.

라 하여 현재 돌아다니는 『상서』에 대하여 전반적인 회의를 품고 한두

문우와 더불어 『사기』·『설문』·『좌전』·『국어』·『예기』·『논어』·『맹자』 등에 나오는 『상서』의 문구를 채록하여 거기에 자기의 의견을 붙여 편술한 것이 바로 그의 『상서고훈수략』이다. 그러나 그는 그다음 해인 1811년 봄에 다시금 『상서지원록』을 저술하였으니 그의 서설에서 이르기를,

> 나는 매색(梅賾)·채침(蔡沈) 이가(二家)의 설과 고훈에 남은 것들을 가지고 그들의 동이를 따지기도 하고 반복하여 상세히 그 뜻을 밝히되 혹 옛 것이 옳고 지금 것이 그르기도 하고 혹 옛 것을 버리고 새 것을 취하기도 하였으며 혹 어느 설이나 하나도 마음에 들지 않을 때는 내 의견을 붙이기도 하여 겨우 한 권의 책을 마련하였으니, 이름하여 『상서지원록』이라 하였다.

다산은 귀양이 풀려 향리로 돌아온 지 20수년이 지난 해 임종(1836) 직전인 1834년 봄에, 1810년대에 다산초당에서 저술한 이 두 권의 상서를 합편하여 『상서고훈』이란 이름으로 정리하였다. 그는 『상서』의 경위를 다음과 같이 서술하고 있다.

> 옛날 다산에 있을 적에 나는 『상서』를 읽되 매색(梅賾)의 것은 거짓임을 알고 『매씨서평』 9권을 저술한 바 있는데 계속하여 벽 가운데 진본(眞本) 28편을 구하여 구양(歐陽)·하후(夏侯)·마(馬)·정(鄭)의 설을 수략(蒐略)하여 『(상서)고훈수략』을 저술하였고 또 이어서 매(梅)·채(蔡) 이가(二家)의 설을 가지고 고훈과 비교하고 거기에 내 의견을 첨부하여 『지원록』을 지은 것인데 돌이켜 보건대 이 삼부작은 다 적거(謫居) 중에 편찬된 것이라 참고 서적이 적어서 유루(遺漏)가 적지 않다.

고 하면서 그 후 24년이 지난 뒤 이에 다소 첨삭을 가하고 2편(『수

략』과『고훈』)을 합하여 이름을『상서고훈』이라 하였음을 밝히고 있
다. 흔히 학계의 일각에서는 이러한 다산의『상서』편술의 경위가
잘못 이해되어 다산 임종 직전의 말년 작으로 간주하기도 하지만 사
실상 다산의『상서』편술은 이미 다산초당 적거(謫居) 시에 그의 근
거가 잡혀 있었음을 간과해버렸기 때문임을 알아야 할 것이다.

1. 선기옥형

채침(蔡沈)의 「순전(舜典)」 주(註)에 의하면,

> 아름다운 구슬을 선(璿)이라 이르고 기(璣)는 기(機)이다. 선(璿)으
> 로써 기(璣)를 장식하는 것은 천체의 운전(運轉)을 형상한 것이
> 다. 형(衡)은 횡(橫)이니 형관(衡管)을 이른 것이다. 옥(玉)으로써
> 관(管)을 삼아 횡(橫)으로 설치한 것은 기(璣)를 살펴서 칠정(七政)
> 의 운행(運行)을 가지런하게 하는 것이니, 마치 요즈음 혼천의(渾
> 天儀)와도 같다.

라 한 해석에 대하여 다산은 그의『상서고훈』에서,

> 선기옥형(璿璣玉衡)은 상천(象天)의 의기(儀器)가 아니다.

라 하여 혼천의(渾天儀)설을 부정한 후,

> 선기(璿璣)는 척도[자]요 옥형(玉衡)은 권칭(權稱, 저울)이다.

라 하였고 그 이유에 대하여 다음과 같이 설명한다.

곡속(穀粟)의 식(食)은 이것이 아니면 고르지 못하고 도포(刀布)의 화(貨)도 이것이 아니면 고르지 못하며 제사 빈객의 공(共)이나 사공·사도·사구의 장(掌)이나 옹희(饔餼) 복식(服食) 일용백물지제(日用百物之劑)도 이것이 아니면 고르지 못할 것이니 천하사 치고 이보다도 더 큰 일이 어디에 있겠는가. 도량형이 정밀하면 천하가 다스려지려니와 정밀하지 못하면 간위(奸僞)·사절(詐竊)·분쟁(紛爭)·변송(辨訟)이 일어날 것이므로 주자도 황종(黃鍾)은 만사의 근본이 된다고 일렀으니 순(舜)이 처음 정사에 임할 때 돌이켜 보건대 어찌 기형(璣衡)을 먼저 살피지 않았겠는가.

라 하여 순의 정사(政事) 중 마땅히 도량형 정책은 제일의적(第一義的)인 것으로 한 이유를 설명하고 있다. 그런데 왜 이를 선옥(璿玉)으로 장식하였을까. 그 이유를 다음과 같이 설명한다.

옛사람들은 검소한 것을 숭상하였는데, 왜 반드시 이를 선옥(璿玉)으로 만들었을까. 목척(木尺)이나 목형(木衡)은 그 때문에 사위(詐僞)가 일어나기 마련이다. 물체가 견고할수록 거기에 새겨진 자국이 더욱 자세할 것이요 물품이 귀할수록 속임수가 더욱 어려워질 것이기 때문에 선옥(璿玉)으로 만든 것이다.

라 한 것은 한 마디로 말해서 표준도량형기를 일러 선기옥형(璇璣玉衡)이라 일렀음이 분명하다. 고훈(古訓)에 구애하지 않는 다산의 새로운 형안(炯眼)을 여기서 우리는 간취할 수 있다.

2. 홍범구주

범주의 어원이 되어 있는 홍범구주(洪範九疇)의 해석에 있어서도 근본적인 차이를 나타내고 있다. 먼저 채침(蔡沈)의 『서전』주를 보면

"홍(洪)은 대(大)요 범(範)은 법(法)이요 주(疇)는 류(類)다" 하고, "홍범구주는 천하를 살리는 대법으로서 그 종류에 아홉 가지가 있다"고 하였으며 그것은 하늘이 주신 것으로서 하도·낙서와 같은 것임을 말해 주고 있다. 이는 곧 하늘이 우(禹)에게 준 신비주의적인 리수(理數)의 비법으로 이해한 것이다.

그러나 다산은 그것이 비록 천하를 다스리는 대법이라 하더라도 결코 신비로운 비법이 아니라 가장 현실적인 통치이념일 따름이다. 그는 『상서고훈』에서,

> 주(疇)란 전답의 구획인 것이다. 내가 하우(夏禹)의 법이라 이르는 것은 오직 9만을 사용하고 있음을 이름이니 정전(井田)이나 국도(國都)나 다 한결같이 9구(九區)를 만들었고 그것은 이내 방형(方形)을 썼지 원법(圓法)을 쓰지 않았으니 이는 홍범구주도 또한 반드시 9구로 열 지어 놓게 되므로 그 형상이 정전과 같다. 이와 같이 된 연후에야 그의 상응 상관의 묘리를 가히 볼 수가 있다. 주(疇)란 정전의 구획인 것이다.

라고 한 설명을 보면 홍범구주란 공안국이 이른바,

> 하도란 복희씨가 왕천하할 때 용마가 황하에서 나왔으니 드디어 그의 문(文)에 팔괘를 획하였고 낙서는 우가 치수할 때 신귀가 문(文)을 지고 나왔으니 그의 등에 새겨진 수가 9에 이르므로 우는 드디어 이를 차례로 하여 구류(九類)를 만들었다.

고 한 하도낙서설에 의하여 설명되고 있던 전래의 통설을 부인하고 다산은 이를 정전구구설로 바꾸어 놓았으니 이는 농경국가이었던 하우시대의 구체적인 치국의 법도가 다름 아닌 홍범구주임을 밝힌 것이라 하지 않을 수 없다. 이를 도표로 만들면 다음과 같다.

1. 오행(五行)	4. 오기(五紀)	7. 계의(稽疑)
수(水) 윤하(潤下)	세(歲)	우(雨)
화(火) 염상(炎上)	월(月)	제(霽)
목(木) 곡직(曲直)	일(日)	몽(蒙)
금(金) 종혁(從革)	성신(星辰)	역(驛)
사(土) 가색(稼穡)	역수(曆數)	극(克)
		정(貞)
		회(悔)
2. 오사(五事)	5. 황극(皇極)	8. 서징(庶徵)
모공숙(貌恭肅)		우숙광(雨肅狂)
언종예(言從乂)		양예체(暘乂僭)
시명철(視明哲)		욱철예(燠哲豫)
청총모(聽聰謀)		한모급(寒謀急)
사예성(思睿聖)		풍성몽(風聖蒙)
3. 팔정(八政)	6. 삼덕(三德)	9. 복극(福極)
식(食)	정직작복(正直作福)	수흉단절(壽凶短折)
화(貨)	강극작위(剛克作威)	부질(富疾)
사(祀)	유극옥식(柔克玉食)	강녕우빈(康寧憂貧)
사공(司空)		유호덕오(攸好德惡)
사도(司徒)		고종명약(考終命弱)
사구(司寇)		
빈(賓)		
사(師)		

다산은 이상과 같은 표를 만든 후 다음과 같이 설명하고 있다.

황극(皇極)이 안에 있어서 중을 세우고 극을 세우니 이에 위로는 천시(天時)를 조율하고 아래로는 대중을 제어한다. 이것이 바로 오기(五紀)를 머리로 이고 삼덕(三德)을 발로 밟는 소이인 것이다. 공기(恭己) 단목(端本)하여 화기(和氣)를 불러들이게 함은 이는 곧 인주[군주]의 밀절(密切)한 공험(功驗)인 것이다. 왼쪽 오사(五事)는 공기(恭己)하면서 단본(端本)하는 것이요 오른쪽 서징(庶徵)은 조화로운 기운은 치상(致詳)하고 어그러진 기운은 재앙에 이르는 것이니 이는 곧 왼쪽과 오른쪽이 조응하여 사(事) · 징(徵)이 상통하는 것이다. 원래 하늘이 재물을 생성하였는데 이를 일러 행(行)이라 하고 이를 받아서 가다듬는 것을 일러 정(政)이라 하는 까닭에, 행이 이를 이고 위에 있는 것은 하늘이 주신 것을 존중하는 까닭이요 8정이 이를 밟고 아래에 있는 것은 인용에 쓰이도록 하는 까닭이니, 이는 곧 1과 3이 상응하는 묘리인 것이다. 길흉이 아직 나타나지 않았을 때 우러러 천명에게 묻는 것을 계의(稽疑)라 이르고 화복이 이미 판정이 났을 때 엎드려 인사에서 증험하는 것을 복극(福極)이라 이르는데, 하늘에 있는 자는 이를 이고서 위에 있고 사람에게 있는 자는 이를 밟고서 아래에 있으니, 이는 또한 7과 9가 상응하는 묘리인 것이다. 이러한 것들을 일러 천도라 하고 이러한 것들을 일러 대법이라 하니 주(疇)란 정전의 구획인 것이다.

이렇듯 홍범구주란 곧 현세적 사실이요 동시에 구체적임을 설파하고 있다. 그럼에도 불구하고 후대 학자들이 만든 홍범구주도는 둥근 듯 모난 듯하여 삼지아(三枝枒)로 갈라진 모양은 그 규칙이 하나로 되지 않았고 1을 밟았는가 하면 9를 이기도[戴] 하고 좌3우7로 모두 낙서의 수에 배합하여 놓았으니 종일 연구해 보아도 그의 의리는 찾아낼 길이 없다고 다산은 말하고 있다. 이를 도표로 만들면 다음 페이지 표와 같다.

七 稽 疑 悔貞克驛蒙齊雨	四 五 紀 曆星日月歲 數辰	一 五 行 土金木火水 稼從曲炎潤 穡革直上下
七 庶 徵 風寒燠暘雨 聖謀哲乂肅 蒙急豫僭狂	五 皇 極	二 五 事 思聽視言貌 睿聰明從恭 聖謀哲乂肅
九 福 極 考攸康富壽 終好寧　凶 命德憂　短 弱惡貧疾折	五 皇 極 柔剛正 克克直 玉作作 食威福	二 八 政 師賓司司司祀貨食 寇徒空

　낙서(洛書)에 맞춘 이 홍범구주도(洪範九疇圖)를 보면 앞서 도표로 만든 정전형(井田形) 홍범구주도에 나타난 조응의 묘리나 상하 좌우 상응 상관의 정리(情理)는 모조리 흐트러져 버리고 난잡하여 기강이 없어져 버렸으니 이는 웬 까닭일까. 원래 낙서와 홍범은 같은 것이 아니니 그것은 그것대로 이것은 이것대로 이어서 본래 같은 종류가 아니기 때문인데 이를 억지로 배탑(配搭)한들 어찌 상응할 수 있을 것인가. 후세에 이르러 홍범구주의 참뜻을 잘못 이해하게 된 것은 이 까닭인 것이다.

제7절 춘추

다산의 『춘추고징』은 다산초당으로 옮기던 해 겨울에 시작하여 (1808) 그 후 4년째 되던 해(1812) 겨울에 탈고하였는데 그의 서문에서 이르기를

『춘추』란 육예(六經)의 하나로서 옛날 왕의 언동을 기록한 소위 좌사(左史)인 것이다. 왕도가 행해진, 즉 그의 일언일동이 다 경(經)이 될 수 있으므로 서전이나 『춘추』가 육경에 끼게 된 것이다.……그러나 노나라 은공(隱公) 이전의 사실은 없어져서 이제 남아 있는 공자춘추는 불과 천백의 십일 정도밖에 남지 않아 겨우 몇 개의 의례만을 고찰할 수밖에 없다. 내가 춘추의례를 관찰하여 오직 사실에 근거하여 곧장 글을 쓸지라도 그의 선악은 스스로 밝혀질 것이니 기리고 내치며 주고 빼앗음이 처음부터 집필자가 조종 신축할 수 있는 것이 아니다. 그런데 선유들이 『춘추』를 논하되 매양 척자(隻字) 편언(片言)을 들추어가지고 공자의 미의를 찾아내려 하면서 '주(誅)'다, '폄(貶)'이다, '상(賞)'이다, '포(襃)'다 이르고 궐문락자(闕文落字)도 끝까지 천착하며 상례고사도 맘대로 부회하니 좌씨 공양 곡량이 이미 이러한 폐병을 범하고 있다.……『춘추』란 주례의 징표이니 주례를 알고자 하면 어찌 춘추에서 이를 고징하지 않을 수 있겠는가. 그러나 그의 사류(事

類)가 번색(繁賾)하고 조례가 호한한지라 모조리 들추어낼 수가 없으므로 먼저 길·흉 두 예만을 가지고 그의 대강을 나누어 귀취(歸趣)를 바로잡고 귀떨어진 글귀를 약술하여 뜻이 통하도록 해놓았거니와 빈(賓)·군(軍)·가(嘉) 삼례(三禮)는 하나를 가지고 셋을 돌이켜 생각한다는 뜻에서 동호자가 있으면 이를 보완해 주겠기에 여기서는 논하지 않는다.

고 한 데에서 대체로 『춘추고징』이 길·흉 2례를 중심으로 그의 몇 가지 새로운 견해를 발표한 것으로 여겨진다.

1. 길례

교(郊)1: 노나라의 교제(郊禘)제사는 희공으로부터 시작되었음을 논함
論魯之郊禘始於僖公

교(郊)2: 고대 교제사의 기간은 건묘(建卯)의 달에 있었음을 논함
論古之郊期本在建卯之月

교(郊)3: 자월 동지에는 하늘에 교제사 지내는 법이 없었음을 논함
論子月冬至無郊天之法

교(郊)4: 북쪽 교외에서 땅에 제사지내는 것은 선왕의 법도가 아님을 논함.
論北郊祭地非先王之法

교(郊)5: 오방의 천제에 대한 제사는 선왕의 법도가 아님을 논함
論五方天帝之祭非先王之法

교(郊)6: 명당배식(明堂配食)은 선왕의 법도가 아님을 논함
論明堂配食非先王之法

교(郊)7: 사왕의 예에서 사방은 곧 사망(四望)에 대한 제사임을 논함

論四王之禮四方卽四望之祭

교(郊)8: '용이 나타나니 우제(雩祭)를 지낸다'는 것은 오방천제(五方天帝)가 아님을 논함

論龍見而雩非祭五方天帝

교(郊)9: 사중·사명은 문창 자리의 두 번째 별이 아님을 논함

論司中司命非文昌二星

사(社)1: 사직의 예는 이관을 이신에 배향함을 논함

論社稷之禮以二官配二神

사(社)2: 승국의 사직에 굴욕으로 경계를 보이는 법은 없음을 논함

論勝國之社稷無屈辱示戒之法

사(社)3: 오사(五祀)는 본래 오행의 신이지 호(戶)·조(竈)·문(門)·행(行)·중류(中霤)의 신이 아님을 논함

論五祀本五行之神非戶竈門行中霤之神

체(禘)1: 체 제사에 별도로 여덟 가지가 있다는 것은 대부분 선유들이 잘못된 뜻에서 나왔음을 논함

論禘之別有八多出先儒之謬義

체(禘)2: 은주시대 제곡에게 체 제사한 것이 체제의 근본이 됨을 논함.

論殷周禘嚳爲禘祭之本

체(禘)3: 5년에 한 번 체 제사한다는 것은 본래 선왕의 법도가 아니며, 합제(合祭)를 협(祫)이라 한다는 것 역시 제사의 명칭이 아님을 논함.

論五年一禘本非先王之法而合祭曰祫又非祭名

체(禘)4: 3년 상을 마치면 본래 체(禘) 소목(昭穆)의 제사는 없었음을 논함.

論三年喪畢本無禘昭穆之祭

체(禘)5: 소상(小祥) 연제(練祭)를 지낸 뒤에는 시체(始禘)의 제사가 없었음을 논함.

論小祥練祭之後本無始禘之祭

체(禘)6: 시향(時享)의 체(禘)제사를 논함. 각기 그 사당에 제사하는 것은 직체(犆禘)라 하고, 각기 그 태묘에 제사하는 것은 협체(祫禘)라 한다.

論時享之禘各祭其廟曰犆禘合祭太廟曰祫禘

체(禘)7: 협제는 반드시 태묘에서 지내야 하고 군공의 사당에서는 협제를 지낼 수 없음을 논함.

論祫祭必於大廟而羣公之廟可祫祭

체(禘)8: 원구(圜丘)와 방택(方澤)에서 음악을 연주하는 것은 본래 협제가 아님을 논함.

論圜丘方澤之奏樂本非禘祭

체(禘)9: 출왕의 협제는 옛 경전에는 근거가 없음을 논함

論出王之禘在古經無徵

체(禘)10: 사헌관·궤식(饋食)은 본래 체협을 말하는 것이 아님을 논함.

論肆獻祼饋食非禘祫之謂

체(禘)11: 추향·조향은 체협을 말하는 것이 아님을 논함.

論追享朝享非禘祫之謂

체(禘)12: 시서의 여러 체(禘)는 모두 실제 근거가 없음을 논함.

論詩序諸褅皆無實據

시향(時享)1: 사계절의 제사는 마땅히 중월(각 계절의 가운데 달)에 해야 함을 논함.

論四時之祭宜用仲月

시향(時享)2: 약(禴)을 논함. 論禴

시형(時享)3: 상(嘗)을 논함. 論嘗

시형(時享)4: 증을 논함. 論烝

시형(時享)5: 사계절의 제사는 공사가 이름이 같음을 논함.

論四時之祭公私同名

시형(時享)6: 종교의 납제는 선왕의 법도가 아님을 논함.

論臘祭宗廟非先王之法

시형(時享)7: 사계절의 정제(正祭) 이외에 삼천사천의 예란 본래 없음을 논함.

論四時正祭之外本無三薦四薦之禮

삭제(朔祭)1: 곡삭의 제사는 조향을 이르는 것임을 논함.

論告朔之祭謂之朝享

삭제(朔祭)2: 조향을 논함. 論朝享

삭제(朔祭)3: 조정을 논함. 論朝正

묘제(廟制)1: 형제 은급(殷及)은 좌삼소(左三昭) 우삼목(右三穆)할 수 없음을 논함.

論兄弟殷及不得爲左三昭右三穆

묘제(廟制)2: 세실이란 한없이 오랫동안 대가 흐트러지지 않음을 이름하는 것이 아님을 논함.

論世室非世世不毀之名

묘제(廟制)3: 종묘의 제도에는 본래 문세실(文世室) 무세실(武世室)
이 없음을 논함.

論宗廟之制本無文世室武世室

묘제4(廟制)4: 환궁(桓宮)과 희궁(僖宮)의 화재는 불훼(不毁)로 인한
것이 아님을 논함.

論桓僖之災非因不毁

묘제(廟制)5: 첩모 별궁의 법을 논함.

論妾母別宮之法

이상과 같이 길례(吉禮)에서는 교(郊)8 · 사(社)3 · 체(禘)12 · 시향(時
享)7 · 삭제(朔祭)3 · 묘제(廟制)5, 도합 38항목에 걸쳐서 논변하고 있
지만 그중에서도 가장 중요한 쟁점만을 다음에 추려서 이를 적기해
보고자 한다.

먼저 교제(郊祭)의 의의를 서술하는 가운데 밝혀진 다산의 신관을
살피기 위하여 다음과 같은 글을 읽어보도록 하자.

주소에서 말한 지신(地神)의 제에는 세 가지가 있는데 첫째, 곤
륜대지(崑崙大地)의 신은 대사악(大司樂) 방구주악(方丘奏樂)이 향
(嚮)하는 바로써 이에 당하게 하고 둘째, 신주(神州)의 신은 대사
악 태주응종(太簇應鍾)이 제(祭)하는 바로써 이에 당하게 하고 셋
째 후토(后土)의 신은 원습(原隰)의 신에 합향(合享)하여 사직이
제(祭)하는 바로써 이에 당하게 할지니 구룡(句龍)이 이에 짝한
다 하였다. 이 설은 다 위서(緯書)로써 근본하였으니 구경사서(九
經四書)에서는 아무런 영향도 찾아볼 수가 없다.

역(易)에서 "건(乾)은 천(天)이 되고 부(父)가 되며 곤(坤)은 직(地)
가 되고 모(母)가 된다"고 하였는데 진실로 창연(蒼然)히 푸른 자
는 엎드려 베풀어주는 공이 있고 퇴연(隤然)히 누른 자는 우리

러 받아주는 덕이 있으니 이러한 것은 만물에 다 부모의 상으로 갖추어 있으므로 성인의 입상(立象)이 이와 같은 것이다. 저 궁창(穹蒼)한 자는 기(氣)요 퇴황(隤黃)한 자는 토(土)인 것이다. 한 톨의 기장[粟]이 공중에서 떨어지니 기가 그렇게 베풀어주는 것이 아닌가. 두 잎의 싹이 거기서 잉태해 나오니 토(土)가 받아주는 것이 아닌가. 기가 베푸는 것은 부도(父道)요 토(土)가 살아나게 하는 것은 모도(母道)인 것이다. 모든 초목백곡에 다 이러한 이치가 깃들여 있지만 상창(上蒼) 하황(下黃)은 도시 무정한 물질로서 일월산천과 더불어 한결같이 기질로 생성되었기 때문에 도대체 영식자용(靈識自用)의 능력은 없는 것이다. 성인이 이치를 밝히되 어찌 부사(父事) 모사(母事)의 이치가 거기에 있겠는가. 오직 황황상제(皇皇上帝)만은 무형무질하지만 일감재자(日監在茲)하고 천지를 통어하면서 만물의 조(祖)가 되기도 하고 백신의 종(宗)이 되기도 하여 분명히 우리들의 위에 임하여 계시기 때문에 성인은 이 때문에 소심소사(小心昭事)하는 것이니 이에 교제가 생기게 된 것이다.

여기서 우리는 분명히 상제천으로서의 다산의 신관을 읽을 수가 있다. 그러므로 교제는 제천의 예이지만 여기서의 천은 둥글고 푸른 하늘이 아니라 형질도 없이 우리들의 일거일동을 내려다보시는 상제천임은 다시 말할 나위도 없다. 그럼에도 불구하고 당시에 있어서의 세속적인 교제는 무속에 가까운 푸닥거리로서,

이제 궁창(穹蒼)은 나의 아비니 이름하여 상제라 하며 남교에서 제사모시고, 퇴황(隤黃)은 나의 어미니 이름하여 황시(皇示)라 하며 북교(北郊)에서 제사모시니 음양을 배합하여 고비(考妣)를 함께 제향하니 마치 왕과 후비의 배례(配禮)처럼 짝을 존중하는 품이 어찌도 그리 몽매(蒙昧) 무망(誣罔)하여 천을 업신여기고 신을 모욕하는 것도 이만저만하지 않다.……왜냐하면 추연(鄒衍) 여불위(呂不韋)는 간인이요 왕망(王莽)은 역신이다. 그러므로 진(秦)의 무(巫)나 위(緯)는 한(漢)의 유자로서는 취할 바가 못 된다.

고 하였다. 그리하여 다산은 교제의 근본을 진실로 상제를 섬기는데 두었던 것이다. 그러므로 그는

상천하황(上天下黃)은 유형유색(有形有色)하고 무영무정(無靈無情)하기 때문에 천지를 주재하는 자는 상제일 따름이니 제천(祭天) 제지(祭地)는 어느 것이나 상제를 소사(昭事)하는 예전 아님이 없다.

고 잘라 말한 것이다. 다음으로 다산이 밝힌 것 중 중요한 것의 하나로서 체제(禘祭)의 의의를 들 수가 있다.

통틀어 체(禘)란 대제의 우두머리다. 제사의 뜻을 밝히고자 한다면 반드시 체로부터 시작해야 할 것이니 체제의 의의를 돌이켜 보건대 공자는 알면서도 말하지 않았고 시·서·역·주례·의례는 도시 체란 없었으며 이에 전기(傳記)에 나왔으나 이미 서어(鉏語)하여 주소 이래로 천두(千頭) 만서(萬緒)하여 이치대로 다스릴 수가 없다. 이제 체제의 종별을 따지면 8종이 있다. 첫째, 보본지체(報本之禘)요, 둘째, 체시지체(禘視之禘)요, 셋째, 상필지체(喪畢之禘)요, 넷째, 연후지체(練後之禘)요, 다섯째, 시향지체(時享之禘)요, 여섯째, 환구지체(圜丘之禘)요, 일곱째, 방택지체(方澤之禘)요, 여덟째, 출왕지체(禘視之禘)다.

라 하고 이에 따른 자세한 해설을 붙였으니, 체제의 의의야말로 다산이 깊이 역점을 둔 새로운 견해의 대종이라 할 수 있다. 이렇듯 체제는 글자 그대로 제(帝)의 신화(神化)인 만큼 상제의 제임에는 틀림이 없기 때문에 다산 신관의 조종이기도 하려니와 이러한 체제설과는 달리 다산은 소위 오방천제(五方天帝)의 설을 반대하여 이르기를,

오방천제의 설은 추연에게서 나왔고 진나라가 망할 때 성했으

며 여불위의 저서에서 괴이한 설을 섞어 놓았다.

고 이르고 있다. 이는 오행설을 받아들이지 않는 다산의 기본입장에
서 나온 당연한 결론이라고 볼 수밖에 없다. 그러므로 다산은 여기
서 그의 인격신으로서의 상제설의 입장을 굳히고 아울러 재이설적
속설을 받아들이지 않고 있음을 분명히 하고 있다.

2. 흉례

위제(違制)1: 노 은공 아직 장례를 지내지 않았는데 전쟁에 임하다.
위 혜공 아직 장례를 지내지 않았는데 전쟁에 임하다. 진 양공 아
직 장례를 지내지 않았는데 전쟁에 임하다.

魯隱公未葬臨戎 衛惠公未葬臨戎 晋襄公未葬臨戎

위제(違制)2: 송 공공 아직 장례를 지내지 않았는데 전쟁에 종사하
다. 위 정공 아직 장례를 지내지 않았는데 전쟁에 종사하다. 진 회
공 아직 장례를 지내지 않았는데 전쟁에 종사하다.

宋共公未葬從戎 衛定公未葬從戎 陳懷公未葬從戎

위제(違制)3: 송 양공 아직 장례를 지내지 않았는데 모임에 참석하
다. 진 공공 아직 장례를 지내지 않았는데 모임에 참석하다.

宋襄公未葬赴會 陳共公未葬赴會

위제(違制)4: 정 정공 아직 장례를 지내지 않았는데 이웃나라를 조
회하다. 노 소공 아지 장례를 지내지 않았는데 큰 사냥을 하다.

鄭定公未葬朝隣 魯昭公未葬大蒐

위제(違制)5: 천자의 장례를 지내지 않았는데 제후들이 회맹하다.

천자의 장례를 지내지 않았는데 부신들이 회맹하다.

天子未葬諸侯會盟 天子未葬陪臣會盟

위재(違制)6: 제 환공 위 도공 제 영공 정 간공 장례를 마치고 전쟁에 임하다.

齊桓公鄭悼公齊靈公鄭簡公旣葬臨戎

위제(違制)7: 송 상공 제 양공 진 목공 장례를 마치고 모임에 참석하다.

宋殤公齊襄公陳穆公旣葬赴會

위제(違制)8: 노 환공 노 민공 조 공공 위 성공 노 문공 위 헌공 제 장공 장례를 마치고 회맹하다.

魯桓公魯閔公曹共公衛成公魯文公衛獻公齊莊公旣葬會盟

위제(違制)9: 노 양공 장례를 마치고 수향하다. 진 평공 장례를 마치고 가무를 즐기다.

魯襄公旣葬受享 晋平公旣葬歌舞

위제(違制)10: 초 영왕 노 소공 진 소공 제사가 끝나지 않았는데 않고 손님을 맞아 잔치하다.

楚靈王魯昭公晋昭公未祥享賓

위제(違制)11: 노 장공 노 문공 노 선공 상 중에 결혼하다.

魯莊公魯文公魯宣公在喪而娶

위제(違制)12: 주 무왕 상 중에 잔치하고 결혼하다.

周惠王喪宴喪娶

유의(謬義)1: 산 사람에게 조문하되 슬픔에 미치지 못한다는 것이 장례를 마치고 상을 벗는 것을 이르는 것이 아님을 분변함.

辨弔生不及哀非謂旣葬除喪

유의(謬義)2: 장례를 마쳤으나 아직 해를 넘기지 않았으면 왕으로 호칭할 수 없음을 분변함.

辨既葬未踰年猶不得稱王

유의(謬義)3: 정나라의 홀(소공)의 작위로 호칭하지 않은 것이 나라 사람들이 그를 천시하였기 때문이 아님을 분변함.

辨鄭忽不稱爵非國人賤之

유의(謬義)4: 자반을 자라 호칭한 것은 아직 장례를 지내지 않았기 때문이 아님을 분변함.

辨子般稱子需因未葬

謬義5: '왈군' '왈자'는 해를 넘겼는가 넘기지 않았는가에 달려 있음을 분변함.

辨曰君曰子在踰年不踰年

謬義6: 작위의 호칭은 반드시 해를 넘기기를 기다려야 하고 명령의 시달은 반드시 장례를 마친 이후에 가능함을 분변함.

辨稱爵待踰年施命須既葬

謬義7: 졸곡이란 지곡을 이름하는 것이 아님을 분변함.

辨卒哭非止哭之名

유의(謬義)8: 아직 장례지내지 않았으면 명령을 시달하지 못한다는 것이 왕을 호칭하지 않는다는 것이 아님을 분변함.

辨未葬不施命非不稱王

유의(謬義)9: 이미 장례 지내면 즉위한다는 예가 옛날에는 없었음을 분변함.

辨古無既葬卽位之禮

유의(謬義)10: 이미 장례 지냈지만 아직 해를 넘기지 않으면 군주로 호칭할 수 없는 법도에 대해 분변함.

辨旣葬未踰年無稱君之法

유의(謬義)11: 제 정백의 실례는 해를 넘겨 작위를 호칭한다는 대의를 파괴하기에는 부족함을 분변함.

辨齊鄭失禮不足以破踰年稱爵之大義

유의(謬義)12: 고대에는 기장하면 면상하는 법도가 없었음을 분변함

辨古無旣葬免喪之法

유의(謬義)13: 칭자는 모두 해를 넘기지 않은 까닭임을 분변함.

辨稱子皆由不踰年

유의(謬義)14: 주 경왕의 제복은 용전이 아님을 분변함.

辨周景王之除服非庸典

유의(謬義)15: '자'와 '제자'는 의리상 깊고 얕음의 차이가 없음을 분변함.

辨子與世子義無深淺

박의(駁義)1: 진 역시 1년 만에 소상을 지냈으니 두예의 의리를 논파할 수 있음을 분변함.

晉亦朞而小祥可以破杜義

박의(駁義)2: 오 역시 3년이 지나 제상했으니 두예의 의리를 논파할 수 있음을 분변함.

吳亦涉三年而除喪可以破杜義

박의(駁義)3: 진 평공의 어머니를 애도하기 위해 대공복 기간을 마쳤으니 두예의 의리를 논파할 수 있음을 분변함.

晉平公之母大功逾服可以破杜義

박의(駁義)4: 진 평공은 소강을 위해 상복의 기간을 마쳤으니 두예

의 의리를 논파할 수 있음을 분변함.

晉平公爲少姜遂服可以破杜義

박의(駁義)5: 진(晉) 평공의 아들은 장례를 마쳤지만 오히려 상복을
입고 있었으니 두예의 의리를 논파할 수 있음을 분변함.

平公之子旣葬猶衰絰可以破杜義

즉위 12조(卽位十二條)

서장 4조(書葬四條)

장 소군 13조(葬小君十三條)

장 소군 10조(葬小君十條)

장 천왕 4조(葬天王四條)

장 제후 1조(葬諸侯一條)

봉수 2조(賵襚二條)

흉례[장례(葬禮)]에 있어서도 길례[제례(祭禮)]에서처럼 많은 새로
운 견해를 피력하고 있는데 이를 요약하면 다음과 같다.

> 내가 전날 상례를 전주(箋註)할 때 그의 의문 제도에 있어서 많
> 은 것을 춘추에서 취증(取證)하였는데 그 표적이 역연한 것은 이
> 미 제문(諸門)에 편입되어 있으므로 여기서는 다시 논하지 않기
> 로 하거니와 두예(杜預)가 좌씨전을 주석할 적에 굳이 단상(短喪)
> 의 의(義)를 세워 매양 "국군의 상은 이미 상례를 끝내면 제복
> (除服)한다" 이르고 그릇 양도(諒闇) 일명(一名)을 만든 후 춘추
> 역대 제왕을 속임으로써 드디어 다시금 삼 년상을 치를 수 없게
> 만들어 놓았으니 반드시 이 말 때문에 그르치지 않은 바는 아니
> 지만 이제 춘추를 고찰해 본다면 그들 중에 월례(越禮) 위제(違
> 制)한 바 또한 적지 않고 혹 빈소를 둔 뒤에 두고 사냥을 나서는
> 가 하면 혹 장례를 지내면서 잔치를 베풀기도 하고 혹 상복 띠

를 허리에 두르고서 패물을 받아 계집을 맞이하기도 하는 등 해 괴망측한 마음보를 지닌 자가 수두룩하다.

고 개탄하고 있다. 여기서는 이러한 사례를 구체적으로 낱낱이 다룰 겨를이 없다. 다 길례에서처럼 여기서 다산의 신관을 거듭 확인하는 몇 개의 글을 읽음으로써 이 절의 매듭을 맺고자 한다. 상제설에 관한 글로서 다음과 같은 일절이 눈에 띈다.

고금을 통하여 큰 잘못이 있다면 그것은 오로지 천을 제[상제(上帝)]로 잘못 인정하는 데 있으니 요순주공은 일찍이 그러한 착오를 일으키지 않았기 때문에 요즈음 안목으로 고경(古經)을 해석한다면 곧장 이러한 착오를 일으키게 마련임은 이 까닭인 것이다. 상제는 어떠한가. 이는 천지·신인 밖에서 천지·신인·만물의 류를 조화하면서 이들을 견제(牽制) 안양(安養)케 하는 것이다.

라 하여 상제는 엄연히 천지신인을 조화하면서 존재하는 주재자로 서의 유일신임을 강조하고 있다. 여기서 우리는 서구적 기독교 신관에 접근할 수 있는 일면을 엿볼 수가 있다.

제8절 역경

　다산은 강진의 귀양살이 때 비로소 『주역』을 읽고(1803) 해마다 손질을 거듭하여 1808년에 탈고하였으니 그가 무진년 가을에 "나는 학포(學圃)와 함께 귤원(橘園, 현 귤동 다산초당)에 있으면서 학포를 시켜 탈고하게 하였으니 이것이 소위 무진본이다." 한 것은 이를 두고 이른 말인데 다산역의 완성을 위해서 5년이라는 세월이 흘렀음을 알 수 있다. 이러한 긴 시간을 통해서 그는 그의 온 정력을 쏟았으니,

> 눈으로 보는 것이나 손으로 잡는 것이나 입술로 읊조리는 것이나 생각이 파고드는 곳이나 글씨로 써두는 것이나 나아가서는 밥 먹고 측간에 가거나 손가락을 튕기고 아랫배를 문지르거나 할 것 없이 어느 것 하나 『주역』 아닌 것이 없었다.

고 술회하리만큼 어느 경서보다도 가장 힘을 기울인 책이 바로 다산역이었던 것이다.

1. 역리사법

다산역에 접근하여 이를 이해하고자 한다면 맨 먼저 그의 역리사법(易理四法)이 무엇인가를 이해하여야 한다. 지금까지 백인백역(百人百易)이라는 말이 떠돌 만큼 역학에의 입문의 길은 사람마다 달랐다. 때문에 가위(可謂) 오리무중의 미로에 서 있는 역학의 이해를 위하여 다산은 이의 열쇠로서 역리사법을 우리들에게 제시하여 주었던 것이다. 그것은 다름 아닌 추이(推移)·물상(物象)·호체(互體)·효변(爻變)의 네 가지인 것이다.

> 추이란 동지 때 일양(一陽)이 비로소 생기면 그 괘는 복(復)이 되고 임(臨)이 되고 태(泰)가 되어 건(乾)에 이르면 육양(六陽)이 이내 생성된다. 하지에 일음(一陰)이 비로소 생기면 그 괘는 구(姤)가 되고 둔(遯)이 되고 비(否)가 되어 곤(坤)에 이르면 육음(六陰)이 이내 생성된다. 이것이 소위 사시지괘(四時之卦)다. 소과(小過)는 대감(大坎)이요 중부(中孚)는 대리(大離)니 감월이일(坎月離日)이 적기(積奇)하여 윤(閏)이 되니 이것이 소위 재윤지괘(再閏之卦)다. 사시지괘(四時之卦)를 경방(京房)은 이를 일러 12벽괘(辟卦)라 하는데 이제 그 중에서 건곤 두 괘를 제외하고 따로 재윤지괘(再閏之卦)로써 12벽괘(辟卦)에 충당한다. 12벽괘에서 강유를 나누어 벌이면 50연괘(衍卦)가 된다. 이는 소위 대연지수(大衍之數) 50이라는 것이니 이것을 일러 추이라 한다.

> 물상이란 「설괘전」에서 이른바 건마(乾馬)·곤우(坤牛)·감시(坎豕)·이치(離雉) 따위가 곧 그것이다. 문왕 주공이 주역의 역사(易詞)를 찬차(撰次)할 때에는 그 한 글자 한 문장마다 다 물상을 취하였으니 설괘를 버리고서 주역을 해득하고자 하는 것은 마치 육률(六律)을 버리고서 음악을 제정하려고 하는 것과 같으니 이것이 소위 물상이다.

호체란 중괘(重卦)가 이미 이루어진다면 육체(六體)가 서로 잇대지니 2에서 4·3에서 5에 이르면 각각 1괘씩이 되는 것이니 이것이 소위 호체(互體)인 것이다.

효변이란 건초구(乾初九)는 건지구(乾之姤)요 곤초육(坤初六)은 곤지복(坤之復)이다. 획(劃)이 이미 동하면 전괘가 드디어 변하는 것이니 이것이 소위 효변인 것이다.

다산의 역리사법은 고대역을 발생론적 입장에서 이해하는 한 방법을 제시한 것으로서 술수학에 의하여 혼미되어 있던 괘상(卦象)에 (그의 형 약전의 말처럼) 긴긴밤의 새벽별[長夜曙星]이 되어 밝은 불빛을 비추어 준 것이 아닐 수 없다. 여기에 곁들여서 다산은 또한 『독역요지(讀易要旨)』를 기술하여 더욱 고대역의 이해를 돕고 있다.

1. 추상(抽象): 역은 점을 치기 위한 것이다. 일괘일효마다 각각 만사 만물의 상을 갖추었다 하더라도 문왕 주공은 만상 중에서 일상(一象)만을 추출하여 주사(繇詞)로 만든 것이다.

2. 해사(該事): 성인이 이미 일상을 추출하여 요사로 삼고서 혹시 학자들이 이 일상만을 가지고 변통할 줄을 모를까 걱정하여 혹 일요 중에서 여러 가지 일들을 섞어서 논하는 경우가 있다. 그렇다고 해서 이 효에서 논할 수 있는 상이 이에 그치는 것은 아니다.

3. 존질(存質): 성인이 이미 여러 가지 일들을 섞어서 논하고서 혹 학자들이 이 몇 가지 상(象)만을 가지고 변통할 줄을 모를까 걱정하여 혹 괘사에서 오직 괘덕만을 나타냈다. 그렇게 함으로써 그의 질만을 보존하면서 사물은 논하지 않으며, 혹 효사에서 오직 휴구(休咎)만을 나타냄으로써 그의 점만을 보존하며, 사물은 논하지 않는 것은 만사에 응하되 구애됨이 없게 하기 위해서인 것이다.

4. 고명(顧名): 괘의 이름에는 본래 정해진 규칙이 없으니 팔괘의 본덕과 음양소장(陰陽消長)의 세나 추이(推移) 왕래의 상황[情]으로 명명한 것은 그 주사(絲詞)에 비록 뜻이 없다 하더라도 그것으로써 점을 치되 모름지기 명명한 본상을 돌이켜 보아야 한다.

5. 파성(播性): 괘의 변화는 효를 중심으로 이루어지니 그 물상((物象)과 사정(事情)이 본괘와는 크게 다르게 된다. 그러나 그의 성기(性氣)는 본괘를 주로 하되 본괘의 성기를 버리고 지괘(之卦)의 물상만을 전용(專用)한다면 크게 낭패할 것이다.

6. 유동(留動): 한 획이 이미 움직이면 전괘(全卦)가 마침내 변하는 까닭에 성인이 효사를 찬(撰)할 때에 그 승강왕래(升降往來)하는 상황은 변상에서 취하지만, 그러나 괘주(卦主)의 효만은 또한 그 움직이는 바를 유보한 후 그의 변상(變象)을 좇지 않고 추이의 본상만을 전용하여 이 획이 괘주(卦主)임을 밝히기도 하였다.

7. 결본(缺本): 성인은 이미 파성(播性)하고 또 학자들이 오로지 성기(性氣)에만 집착하여 변통할 줄을 모를까 걱정하여 여섯 개의 효 중에서 한두 개의 효사만은 그 본성을 결하는 수가 있으나 거기라고 본래의 성기가 없는 것은 아니다.

8. 용졸(用拙): 역사(易詞)의 물상(物象)은 교묘히 부합하지 않는 것이 없다. 그러나 때로는 취상(取象)이 협애(狹隘)하고 사물에의 응용이 군핍(窘乏)하여 마치 졸렬하고 서툴러 능하지 못한 듯지만 이야말로 바로 크나큰 기교가 거기에 깃들여 있는 것이다.

9. 쌍소(雙遡): 괘에 또 모괘(母卦)가 있을 때에는 그 괘사는 반드시 두 갈래로 그 근본을 찾아 올라가서 그 상을 나타내야 한다.

10. 첩현(疊現): 이 괘나 저 괘나 그의 물상이 서로 같은 것은 그

주사(繇詞)를 거듭 앞서 글을 사용하여 그 상을 나타내기도 하는데, 이와 같이 하는 것은 모든 괘의 모든 효에서 무릇 이 물상을 갖춘다면 그의 점도 같을 수 있음을 밝히기 위한 것이다.

11. 비덕(比德): 성인이 파성(播性)한 중에 사물을 아울러 지시하기도 하는데 이미 사물을 지시한다면 부득불 하나의 사물에만 치우치게 되어 여러 정황을 통어(統馭)할 수 없게 되는 까닭에 혹 6효를 배열하여 비교하고, 이것과 저것을 대조하여 두 글자의 효사를 가지고 괘덕을 나타나게 하고서 사물은 논하지 않는 것은 여러 일의 점도 다 이 두 글자로 그 대체를 점칠 수 있기 때문이다.

12. 영물(詠物): 역사(易詞)의 문장에는 상(象)도 있고 점괘도 있다. 점은 일을 지적하여 점을 치는 것이므로, 혼구(婚媾)의 점으로는 제사에 통할 수 없다. 상이 초·목·조·수의 움직임이나 차(車)·여(輿)·기(器)·복(服)의 변화를 표징(表徵)한다면 모든 일에 통용되는 상이 될 수 있는 까닭에 사무에 빗대어 일을 비유하는 것이 풍시(風詩)에 비(比)와 흥(興)이 있는 것과 비슷하다. 말·소·돼지·양과 같이 인사와 유관한 것은 혹은 상(象)으로 통용될 수 있기도 하고 혹은 일을 지시하기도 하여 이 또한 다르기도 한 것이다.

13. 건유(建維): 역에는 건·곤·감·리의 사유(四維)가 있는데 64괘의 양획(陽畫)은 다 건(乾)에 근본하고 음획(陰畫)은 다 곤(坤)에 근본한다. 이것이 이유(二維)다. 64괘의 상괘는 다 감(坎)에 위치하고 하괘는 다 리(離)에 위치하니 이것이 이유다. 그러므로 역의 대의는 음양의 승강에서 벗어나지 않으니 곧 건곤을 체로 삼는 까닭이 여기에 있고 점을 치기 위해서는 형(亨)과 정(貞) 두 글자로 그의 대강을 세우니, 곧 감(坎)·리(離)를 살피는 까닭이 여기에 있다.

14. 변위(辨位): 위(位)의 이름에는 네 가지가 있으니 첫째는 삼재지위(三才之位)니 1·2는 지(地)요 3·4는 인(人)이요 5·6은 천위(天位)가 되는 것이 그것이다. 둘째는 이기지위(二氣之位)니 1·3·5는 양(陽)이 되고 강(剛)이 되며 2·4·9는 음(陰)이 되고 유(柔)가 되는 것이 그것이다. 셋째는 귀천지위(貴賤之位)니 1·2는 민(民)이 되고 5는 신(臣)이 되고 천(天)이 되는 것이 그것이다. 넷째는 내외지위(內外之位)니 1·2·3은 내[我]가 되고 4·5·6은 적(敵)이 되는 것이 그것이다. 물상(物象)은 비록 같지만 그 주사(繇詞)는 같지 않고 주사는 또한 같지만 그 길흉은 같지 않은 것은 오로지 그 위가 같지 않기 때문이니 이 점을 정밀하게 살펴야 할 것이다.

15. 우의(寓義): 역은 복서를 주로 하면서 거기에 의리가 깃들여 있다. 성인이 진퇴소장(進退消長)의 세를 살피고 승강왕래(昇降往來)의 상을 완상(玩賞)하면 의리는 그 사이에 깃들여 있거니와 문왕 주공의 괘(卦)·효사(爻詞)는 의리를 부가함에 있어 은미하면서 드러나지 않고 공자 상전(象傳)에 이르면 오로지 의리만을 천명하고 그들의 효사의 은미한 자는 「문언(文言)」과 「대전(大傳)」에서 또한 부연 설명하여 이를 경계로 삼고 「대상전(大象傳)」에 이른즉 점치는 것과는 상관없이 순전히 거관(居觀)의 용도로 삼되 대상전(大象傳)으로 말미암아 『역경(易經)』의 뜻을 구하면 의리는 얻을 수 있을 것이다.

16. 고점(考占): 괘효의 상(象)에는 본래 정한 길(吉)도 없으려니와 본래 정한 흉(凶)도 없다. 여자를 얻음에 길하지만 그것으로 나라를 정벌하면 반드시 흉하지 않다고 할 수도 없다. 제사에는 길(吉)하지만 그것으로써 하천을 건너면 반드시 흉하지 말라는 법도 없다. 군자가 만나면 길(吉)한 것도 혹 소인에게는 해롭고, 군자가 만나면 흉

(凶)한 것도 혹 소인에게는 이로울 수도 있으니 역사(易詞)에서 말한 길흉(吉凶)은 모든 복서에서 두루 통하는 점사는 아닌 것이다.

　17. 인자(認字): 경전의 뜻을 알고자 한다면 먼저 글자의 뜻 알아야 하는 것은 모든 경서가 다 그러하지만 역경은 더욱 심한 것이다.

　18. 찰운(察韻): 역사의 운법(韻法)은 가장 엄하고 가장 정밀한데 그의 격율(格律)에는 변화가 많은지라 이를 찾아내기란 지극히 어렵다.

2. 태극과 구·육의 상

　다산에 있어서의 역은 자연현상 중에서도 일월의 변화에 근거하고 있다.

> 역은 일월이요 일월은 음양이요 음양은 사시다「주역답객난(周易答客難)」).

라 하기도 하고,

> 역은 일월이요 일월은 음양이니 괘변지법(卦變之法)에서 양(陽)이 가면 음(陰)이 오고 음(陰)이 가면 양(陽)이 오니 이는 일월이 서로 바뀌는 것이다「한위유의론(漢魏遺義論)」).

라고 한 것은 이를 단적으로 설명해 주고 있다. 나아가서,

> 음양의 이름은 일광의 조엄(照掩)에서 생겨난 것인데 해가 숨겨지면 음이라 하고 해가 비치면 양이라 한다「중용강의」).

는 것도 음양이란 바로 일광과 직결된 것임을 알 수 있다. 그러므로 음양이란 실재적 현상으로 이해되는 것이지, 결코 관념적 존재는 아닌 것이다. 이로써 음양이란 대대관계로 이해된다는 사실을 알아야 한다. 또한 여기서 태극이 추출되고 있음을 주목해야 한다. 다산은 태극을 "태극(太極)은 태일지형(太一之形)"(「육덕명석문초(陸德明釋文抄)」)이라 하였는데, 무엇의 태일지형(太一之形)일까. 그것은 음양 양의는 물론이요 사상 팔괘에 이르기까지 모든 대대관계의 차별상을 하나의 조화된 균형으로 간주하는 것이 다름 아닌 태일지형으로서의 태극인 것이다.

그러므로 그는 또 다음과 같이 지적하고 있다.

> 극이란 옥극(屋極)의 뜻이니 옥극이란 거척(屋脊)인 것이다(『주역사전』).

길이만 있고 폭은 없는 선처럼 하나의 용마루에서 서까래[象桷]가 분출한 것이 다름 아닌 태일지형으로서의 태극이 아닐 수 없다. 이러한 다산의 태극설은 정주학파들이 이른바 '태극은 리(理)'라고 한 설을 의식하고 내세운 것임은 다시 말할 나위도 없다. 더욱이 송대 주렴계의 「태극도설」에 의하면,

> 무극이면서 태극이니 태극이 동하여 양을 생하고 동이 극하면 정하니 정하면 음이 생하고 정이 극하면 다시 동하니 동하기도 하고 정하기도 하는 것은 서로 근본이 된다.……오행은 하나의 음양이요 음양은 태극이니 태극은 본래 무극이다.

하였으니 다산의 옥극설(屋極說)은 이러한 무극설(無極說)과는 너무도 대조적이다. 옥극은 무극이기에 앞서 태일지형으로의 의형(儀形)인 것이다. 이로써 상징적 고대역의 면모는 다산의 옥극설에 의하여 비로소 잘 설명되었다고 볼 수 있으며 다산역에 있어서 배격한 오행설이 이로써 끼어들 틈이 없게 되었음은 물론이다.

다음으로 다산역에서의 새로운 발견은 구(九)·육(六)의 의의를 밝힌 데 있다고 할 수밖에 없다. 다산은 이에 대하여 다음과 같이 말하고 있다.

> 구(九)라거나 육(六)이라거나 하는 것은 음양의 변동을 표시하는 것이다(『주역사전』).

라 하여 9·6은 숫자로서 변화를 표시하는 암호의 뜻을 가지고 있다. 그러므로 다음과 같은 말이 성립된다.

> 구(九)는 노양(老陽)이요 육(六)은 노음(老陰)이다. 노는 변하지 않음이 없으니 구(九)·육(六)은 이미 변한 후의 이름인 것이다「효변표직설(爻變表直說)」).

라 한 것은 노양은 양이지만 이미 변하였기 때문에 음으로 간주해야 하며 노음은 음이지만 이미 변하였기 때문에 양으로 간주해야 한다는 것이다. 그러므로 다음과 같이 말할 수도 있다.

> 초구(初九)라 이른 것은 초획은 구(九)에 해당하지만 음으로 변했으니 구(九)자 중에 이미 변한 음을 포함하고 있음을 의미하고 초육(初六)이라 이른 것은 초획은 육(六)에 해당하지만 양으

로 변했으니 육(六)자 중에 이미 변한 양을 포함하고 있음을 의
미한다. 요즈음 사람들은 이 뜻을 잘 모르고 구(九)자를 그저 양
자로 간주하거나 육(六)자를 그저 음자로 간주하고 있으니 크게
잘못된 것이다(「주자본의발미(朱子本義發微)」).

라 한 것은 9·6에 대한 종전의 그릇된 인식을 타파한 것이라 할 수 있
다. 그러면 노소음양의 6·7·8·9의 숫자는 어떻게 얻어지는 것일까.

노양 9·소양 7·노음 6·소음 8은 결코 공중에 떠 있는 근거 없
는 설이 아니다. 시괘(蓍卦)의 수는 삼천양지(參天兩地)인 까닭에
일획삼설(一畵三揲) 때 한 번 기수 두 번 우수를 얻으면 소양 칠
(七: 3·2·2)이 되고, 한 번 우수 두 번 기수를 얻으면 소음 팔
(八: 2·3·3)이 되고, 삼설(三揲)에 모두 천수(天數)를 얻으면 노
양 구(九: 3·3·3)가 되고, 삼설(三揲)에 모두 지수(地數)를 얻으
면 노음 육(六: 2·2·2)이 된다(「이정조집해론(李鼎祚集解論)」).

고 하여 7·8·9·6의 숫자를 얻는 방법을 제시하고 있다. 그러므로
팔괘의 괘상을 보면 순양(純陽)은 건☰이요 순음(純陰)은 곤☷인데 '소
자괘주지설(少者卦主之說)'에 따라 소음은 태☱ 이☲ 손☴이요 소양은
간☶ 감☵ 진☳이 아닐 수 없다. 이러한 9·6의 상은 혼미 중에 있던
9·6의 뜻을 새롭게 밝혀준 것이라는 점에서 다산역의 공훈이 있다.

3. 역론

『주역』은 본래 복서가의 소용(所用)으로부터 비롯하였다고 하더라
도 후세에 내려오면서 경학적 의의가 더욱 짙게 깃들이게 되었던 것
이다. 그러므로 다산은,

『주역』에는 본래 두 길이 있는데 하나는 경학가가 이를 전했고
다른 하나는 복서가의 소용이 되었다(『역학서언』).

고 하였다. 그런데 역의 근본은 어디에 두고 있는가. 다산은 이를 사
천(事天)의 학으로 간주하여 사상제(事上帝)의 학문으로까지 발전시켜
놓고 있다. 역은 단순한 음양의 원리를 따지는 술수학에 머물러 있
는 것이 아니라 그것은 고대인들이 상제의 천명의 소재를 촌탁하려
고 한 방법이 다름 아닌 역이라는 것이다.

고대인들은 천지신명을 섬김으로써 상제를 섬겼다는 것을 공자
는 말하고 있지만 요즈음 사람들은 평상시에는 이미 신을 섬기
지도 않으면서 오직 일에 부딪히면 복서로써 그의 성패만을 탐
색하려고 한다. 그러니 하늘을 업신여기고 신을 모독하되 이만
저만한 것이 아니다. 내가 역상(易象)을 소석(疏釋)하는 것은 경
의를 밝히고자 해서인 것이다. 만일 어느 사람이고 간에 역례
(易例)가 이미 밝혀졌으니 복서를 시행할 수 있다고 한다면 점험
(占驗)이 제대로 합치하지 않을 뿐만이 아니라 미로 속으로 빠져
들게 될 것이니 내가 두려워하는 것은 바로 이 점인 것이다. 그
러므로 올바른 길을 지키고 사는 사람은 마땅히 복서 같은 것은
없애버리고 살아야 할 것이다(「표기복서지의(表記卜筮之義)」).

다른 곳에서도 다산은 복서무용론을 전개하고 있지만 이 글에서
도 분명히 다산은 고대역의 본연의 모습을 찾아내는 데 주력했을 따
름이지 그가 고대인처럼 복서를 믿는 것은 아니었던 것이다. 그렇다
면 이를 좀 더 구체적으로 어떻게 이해하여야 할 것인가.

역이란 어찌하여 저작하게 되었는가. 성인이 천명에 청하여 그
의 뜻에 순응하기 위해서였던 것이다. 대체로 일이 공정하게 잘

된 데에서 나온 것이어서 반드시 하늘의 도움으로 이루어지고
거기에다가 복까지 주어지기에 넉넉한 것이라면 성인은 이를
다시 천명에 청하지 않는다. 일이 공정하게 잘된 데에서 나오기
는 하였지만 시세가 불리하여 반드시 일은 실패에 돌아가고 하
늘의 복도 받을 수 없음이 뻔한 것이라면 성인은 이를 다시 천
명에 청하지 않는다. 일은 공정하게 잘된 데서 나오지 않았고
천리를 거슬리고 인기(人紀)를 손상하게 하는 것이라도 비록 그
일이 반드시 성공되어 눈앞에 복을 맞이할 수 있는 것이라면 성
인은 이를 다시 천명에 청하지 않는다. 자못 일이 공정하게 잘
된 데서 나왔는데도 그의 성패화복은 역도(逆睹)하여 헤아릴 수
없는 것이니 이에 비로소 천명에 청하는 것이다(「역론」).

라고 하였다. 이를 다시 간단하게 요약한다면 선악 간에 그의 결과
가 분명한 것은 복서로서 천명의 뜻을 청하지 않고 오직 선의 동기
에서 출발하였지만 그의 결과가 판가름 나지 않는 경우에 한하여 신
의(神意)를 촌탁(忖度)해 보려는 것이 고대역을 낳게 한 본연의 모습
이라는 것이다. 그러므로 다산역론은 구복(求福)에 있는 것이 아니라
인간 지혜의 한계성에 부딪혔을 때 비로소 상제의 뜻에 순응하고자
하는 인간의 겸허한 자세에서 이루어진 것임을 말하고 있다. 상제신
의 섭리를 믿는 신앙적 바탕 위에서 고대역은 성립되었음을 의미한
다. 이것은 곧 고대역이란 복서학적 의미보다는 윤리적 의미가 더욱
강도 짙게 담겨 있는 것이라 하지 않을 수 없다.

제9절 예학

예에는 대개념의 예와 소개념의 예가 있거니와, 주례(周禮) 또는 방례(邦禮)라 칭하는 예는 국가의 전장제도를 논하는 예로서 대개념의 예라 칭할 수 있고, 관혼상제의 사례(私禮) 또는 가례(家禮)라 칭하는 예는 소개념의 예에 속한다고 할 수 있다. 다산은 대개념에 속하는 저서로서 『방례초본』, 곧 『경세유표』를 저술하였거니와 여기서는 주로 가례에 관한 문제만을 다루고 있다.

다산은 가례 중에서도 상례에 관한 저술로서 『상례사전』 60권 외에 『상례외편』·『상례절요』·『제례고정』·『가례작의』·『예의문답』 등의 저술을 합하면 『논어고금주』 40권보다도 훨씬 많은 최대량의 저술을 이 가례 중에서도 상례를 위하여 썼다고 할 수 있다.

> ……사상례(士喪禮)를 해석한 것은 명칭을 상례광(喪禮匡)이라 하고, 계속하여 의금(衣衾) 관곽(棺槨)의 제도에 대하여는 상구정(喪具訂)이라 하고, 최관(衰冠) 질대(絰帶)의 제도에 대하여는 상복상(喪服商)이라 하고, 오복(五服)의 상기(喪期)에 대하여는 상기별(喪期別)이라 하여 도합 60권으로서 『상례사전(喪禮四箋)』이라 하였다.

고 한 것을 보면 그의 내용을 대강 짐작할 수 있다.

1. 신의수례

방대한 저술의 내용을 요약하기란 지극히 어려운 일이므로 「자찬 묘지명」에서 요약된 글과 이에 관계된 『상례사전』의 글을 함께 옮겨 놓음으로써 이에 대신하고자 한다.

1. 정현의 주에는 전습(傳襲)해 오는 착오가 없지 않은데 선유들이 이를 마치 성경처럼 떠받드는 것은 잘못이다(「묘지명」·이하 '묘'로 약함). 주실(周室)이 이미 쇠약해지자 예가 제후에게 있게 된 까닭에 경기(經記)에서 말한 것은 허다하게 후방(侯邦)의 예에 관계된 것이니 이 사상례(士喪禮)만 그런 것이 아니다. 공안국·가규 두 공(公)은 정현을 떠받들어 스승으로 삼았는데 정(鄭)이 말한 것은 모두가 곡해로 이루어진 것이라는 사실을 예서를 읽은 사람은 마땅히 알아야 할 것이다(『상례사전』·이하 '상'으로 약함).
2. 상의유광(喪儀有匡)에서 질병이라 한 것은 생명이 이미 끊어진 것이다(묘). 남녀개복(男女改服)이란 담소색(淡素色)으로 바꾼다는 것이다(묘). 질병이라 한 것은 이때에 아직 발상(發喪)은 않은 채 권도(權道)로 질병이라 이름한 것이니 그의 요봉(徼奉)을 바라면서 측달(惻怛)하여 차마 갑자기 죽었다고 할 수 없는 뜻이 깃들어 있다. 그러나 그 사람은 이미 죽어 있는 것이다. 만일 일루의 희망이 아직 남아 있는데도 불구하고 침상을 거두고 새 옷을 입혀 임종하며 남녀가 개복하는 예절을 치른다면 이는 사람으로서 할 짓이 못되는 것이다(상). 우리 동방 습속에 아직 발상 전에 먼저 백의를 걸치는데 대체로 천리 인정으로 말미암은 자연의 문채인지라 옛 성현의 경례에 합치한다고 할 수 있다(상).
3. 천자 제후의 상은 먼저 성복하고 후에 대렴한다(묘). 대저 성복지례는 송사의 일과는 관계가 없고 이렴(已斂)·미렴(未斂)·

이빈(已殯)·미빈(未殯)을 논할 것 없이 다만 3일이 되면 성복한다는 것은 천자에서 서민에 이르기까지 3일로써 정기(定期)를 삼기 때문이다. 거기에는 본래 존비의 차는 없기 때문이다(상).

4. 천자·제후·대부·사는 각각 말우(末虞)를 졸곡(卒哭)으로 삼는 것이니 졸곡이란 별도의 예가 따로 없는 것이다(묘). 졸곡이란 마치 말우(末虞)라 말하는 것과 같다. 대체로 일우(一虞)를 일곡(一哭)으로 삼으면 재우(再虞)는 재곡(再哭)이 되고 말우(末虞)는 졸곡(卒哭)이 된다(상).

5. 부(祔)란 신도((神道)로써 이에 부(祔)하는 것이니 주(主)에 부(祔)하는 것도 아니고 묘(廟)에 부(祔)하는 것도 아니다(묘).

6. 길제(吉祭)는 사시의 상사(常事)니 그 때문에 소목(昭穆)을 굳이 가리지 않는 것이다.

7. 상구유정(喪具有訂)에서 "모(冒)는 이금(夷衾)과 같으니 그 때문에 이를 전대처럼 싸지 않는다."(묘)

8. 악수(握手)는 둘이 아니고 가운데를 흰 댕기로 매어 두 손을 상징하는 것과 같은 것이다(묘).

9. 이미 머리를 감싸 놓았으면 폭건(幅巾)은 없애는 것이 마땅하다. 또한 수첩(竪輒)을 가지고 횡첩(橫輒)을 만들어서는 안 될 것이다.

10. 심의(深衣)의 폭(幅)은 12폭인데 앞이 3폭이고 뒤가 4폭임은 다른 치마와 같고 그중 3폭은 앞 소매에 포개고 다른 2폭은 겨드랑이 양쪽 밑으로 주름잡되 구변(鉤邊)이란 구변(袧邊)인 것이다.

11. 수장납거(遂匠納車)는 영구(靈柩)를 싣는 것이다. 신거(蜃車)란 신회거(蜃灰車)로 네 바퀴가 땅에 닿는 것은 바른 제도가 아니다.

12. 상복유상(喪服有商)에서 머리띠를 매되 목뒤로 매야 한다. 만일 매듭이 좌우에 있으면 곧 좌에 근본한 것은 좌의 끝을 겸하게 하고 우에 근본한 것은 우의 끝을 겸하게 될 것이다(묘).

13. 허리띠를 칡으로 만든 것은 이내 세 번 둘러매게 되었는데 맨 띠가 세 겹으로 되는 것은 예가 아니다(묘).

14. 상관(喪冠)에는 무참(武斬)이 있는데 또한 포(布)를 사용하지만 한 가닥 노끈으로써 武로 삼는 것은 예가 아니다(묘).

15. 오복(五服)의 최(衰)에서는 다 제복(祭服)을 상징하였는데 최(衰)는 방심(方心)이요, 적(適)은 곡령(曲領)이요, 부(負)는 후수(後綬)다. 벽령(辟領)에 조각(雕刻)하는 것은 제도가 아니다. 경복에서 최(衰)·적(適)·부(負)를 떼버리면 예가 아니다(묘).

16. 대하척(帶下尺)은 횡란(橫襴)으로 만들면 안 된다. 임(衽) 바로 옆에 연미(燕尾)를 만들면 안 된다(묘).

17. 소렴에 환질(環絰)은 그것이 조복(弔服)의 갈질(葛絰)인데 국군(國君) 이하 모두 환질(環絰)을 사용하는 까닭에 군·대부·사가 같다는 것이다. 소렴에 곧장 규질(繆絰)을 착용하는데 질(絰)에는 두 가지가 없다(묘).

18. 상기유별(喪期有別)에서 기지상(期之喪)에서는 11개월 만에 연제[練祭, 소상(小祥)]을 치른다면 조부모와 백숙부모를 위하거나 곤제(昆弟)와 곤제의 아들을 위해서는 모두 마땅히 연제가 있어야 한다. 만일 연제를 지내지 않는 경우는 아버지 살아 있는데 어머니를 위해서 지내는 연제이므로 그 복은 도리어 가볍게 하는 셈이 된다(묘).

19. 인후[人後, 양자(養子)]가 되거나 그의 조부모 백숙부모가 되면 복을 내리지 않고 대공복(大功服)을 입는데 그가 강복(降服)하는 것은 형제 이하부터인 것이니, 이는 마융(馬融)의 유의(遺義)인 것이다(묘).

20. 인후(人後)가 된 자로서 혹 아우로서 형의 후가 되었거나 혹 손자로서 조부의 후가 된 까닭에 명칭은 변하지 않으면서 자기 부모를 부모로 한다(묘).

21. 조부모를 위해서 승중(承重)해야 하는 자가 아버지의 죽음이 소렴에 있으면서 즉위에 앞선 자는 승중(承重)하지만 소렴(小斂)에 있으면서 즉위(卽位)에 뒤진 자는 승중하지 않는다(묘).

22. 아버지는 죽고 조부는 계신데 조모가 돌아가시면 승중(承重)하지 않는다(묘).

23. 첩자(妾子)의 자식으로서 그 첩의 조모를 위해서는 승중(承重)하지 않는다(묘).

24. 천자 제후의 상에는 모후도 참최(斬衰)를 한다. 성근 자로서도 모두 참(斬)하니 친한 자는 먼저 참을 하지 않을 수 없다(묘).

25. 제례유정(祭禮有定)에서 제후·나라의 대부의 제사에는 3세를 지나칠 수 없다(묘).

26. 태조는 옮기지 않는 것이니, 별묘(別廟)에 옮겨서는 안 된다(묘).

27. 지자(支子)는 제사를 받들지 않는 것이니, 최장방[最長房, 제이자지가(第二子之家)]이 신주를 옮겨 모시는 것은 예가 아니다(묘).

28. 대부는 제사를 두 차례 지낼 뿐, 사시(四時)에 거행해서는 안 된다(묘).

29. 합호(闔戶)란 상제(殤祭)의 예인데 이미 유식(侑食)하였고 삼 헌(三獻)하였거늘 또 합호(闔戶)하는 것은 불가하다(묘).

30. 태뇌(太牢)·소뇌(少牢)·특생(特牲)·특돈(特豚)의 예에서 그 의 변두궤형(籩豆簋鉶)의 수는 각각 정례(定例)가 있는데 삼례 (三禮)와 『춘추(春秋)』에 산발적으로 나온다. 군·대부·사가 각 각 차등이 있으니 마음대로 증감하는 것은 잘못이요, 또 술잔 [爵]과 국그릇[鉶]·조(俎)는 기수(奇數)를 쓰고 궤(簋)와 변두(籩 豆)는 우수(偶數)를 써야 하므로 뒤죽박죽되어서는 안 된다(묘).

이상과 같이 주로 묘지명의 글을 지루하게 이용한 것은 다산 자신 이 특히 추출한 것들로서 그가 얼마나 상제례(喪祭禮)에 대하여 깊은 관심을 기울였는가를 알기 위해서인 것이다. 비록 그것들이 현실적 으로 쓰일 수 있는 가능성이란 거의 없기는 하지만 학문적 입장에서 는 종전의 예학에 대하여 명쾌한 논리적 비판이 가해졌다는 사실을 우리는 주목해야 할 것이다.

2. 정체전중

궁중사일지라도 상례는 가례에 속하는 만큼 조선조 중엽에 있어 서 소위 기해복제(己亥服制) 문제는 실로 당쟁이라는 심각한 정치문 제로까지 번졌던 것이다. 또 그 여파는 오늘날 우리들의 주변에 아 직도 남아 있다. 이런 점만으로도 우리는 결코 이에 무관심할 수 없 는 실정인 것이다. 그런 의미에서도 다산은 이 문제에 대하여 다음 과 같이 말하고 있다.

국가의 전례는 오직 평온한 마음으로 확실하게 강(講)하되 널리 상고하고 자세히 조사하여 지당한 점으로 돌아가게 할 따름인데 오직 기해방례(己亥邦禮)에 있어서만은 갑을(甲乙)이 서로 다투어 제초(齊楚)가 다 함께 손실을 맛보며 처음에는 서로 이기기를 구하다가 나중에는 살벌(殺伐)도 서슴지 않으니 실상인즉 양가(兩家)가 다 함께 잘못을 범하고 있는 것이다.

라고 하여 이쪽이나 저쪽이나 다 같이 잘못이 있음을 지적하여 엄정 중립의 태도를 보이고 있다. 제1장 서두에서도 논급한 바와 같이 기해예송(己亥禮訟)이란 효종(1650~1659)이 승하하자 효종의 계모요 인조(1623~1649)의 계비인 자의대비 조씨가 대행[효종]을 위하여 어떤 복을 입어야 하느냐는 문제에서 발단한 것이다. 이때에 서인[노론]인 송시열과 송준길은 기년복(朞年服)을 주장하고 남인인 윤휴와 허목은 3년상을 주장하였던 것이다. 그러나 수천 언에 가까운 예송의 문자들을 분석해 보면 장자(長子)·적자(嫡子)·서자(庶子)·첩자(妾子)등에 대한 개념이 정립되지 않은 데서 온 것이라고 다산은 비판하고 있다. 먼저 다산의 다음 글을 음미해 보면

'서(庶)'란 중(衆)이요 첩(妾)이 아니다. 서자란 본시 적출이거나 첩출이거나 두루 쓰이는 이름이지만 단 그것은 제이자(第二者) 이하는 모두 서자라 한다. 그런데 미수(眉叟)는 중자(衆子)란 적(嫡)·첩(妾) 간에 두루 쓰이는 이름이지만 서자란 첩출(妾出)의 경우에만 전적으로 쓰이는 이름이라 하였으니 그 해석은 잘못된 것이다. 상복전의 상하 모든 글 중에서 무릇 서자라 한 것은 대체로 적·첩 간에 두루 쓰이는 이름과 관계되어 있었는데 미수는 첩자를 전칭하는 것이라는 치우친 뜻만을 취했고 우암은 그것이 적출자(嫡出子)만을 통칭하는 것이라는 치우친 뜻만을 취했으니 이들은 죽을 때까지 서로 싸우더라도 어찌 끝이 날 수 있겠는가.

라고 비판한 것은 그의 근본 문제에 있어서 이미 개념을 달리하고 있음을 지적하고 있음이 분명하다. 그러나 다산을 이들의 상기문제에 있어서 그의 기준을 다른 곳에서 이끌어내 온 점을 우리는 주목해야 할 것 같다. 그것은 다름 아닌 다산의 대통승계론(大統承繼論)이라고 할 수 있다.

> 천자·제후의 예는 승통(承統)하여 사위(嗣位)하면 곧 종적(宗嫡)이 되는 것이요, 적적상승(嫡嫡相承)하여 그의 명분을 바르게 하는 것이니 아직 천지신인의 주(主)가 되어 가지고서 가히 서(庶)가 되는 일은 일찍이 없었던 것이다.

라 하고 또,

> 대비의 기년복이 인심에 합치하지 않는 까닭은 효묘(孝廟)가 대통을 이어받아 천지신인의 주가 되었기 때문이요 그가 정적(正嫡)의 소생이 되어서 그러는 것은 아니다. 여기에는 적출이니 첩출이니 제2자니 제3자니 하는 것은 아무런 쟁변(爭辨)의 근거가 되는 것은 아니다. 효종은 정적의 혈통에서 탄생하였지만 만일 후일에 혹시라도 후궁에서 탄생한 분이 대통을 이어받았을 경우에는 미수의 설로서는 설명이 되기 어려울 것이다. 왜냐하면 미수는 중자(衆子) 승통(承統)하면 부가 그를 위하여 삼년복을 입지만 첩자가 승통하면 그를 위하여 삼년복을 입지 않는다고 했기 때문이지만 사실인즉 오경(五經) 삼례(三禮)를 다 뒤져보아도 그런 글은 없다.

라고 하여 비록 첩자라도 대통을 승계하면 그를 위하여 삼년복을 입어야 한다는 것이 다산의 대비삼년복설(大妃三年服說)의 근간인 것이다. 이로써 다산은 양론에서 한결같이 초월한 입장을 취하고 있음을 알 수 있다.

제10절 악경

다산은 그의 『악서고존(樂書孤存)』의 서문 서두에서

육예지학이 진시황의 화를 만나 전멸하였다가 오경은 부흥되었
지만 『악경』 하나만이 부흥되지 못했다.

고 하여 이를 안타깝게 여긴 다산은 귀양이 풀리기 직전인 1816년
봄에 학래(鶴來) 이청(李晴)으로 하여금 받아쓰게 하여 『악서고존』 12
권을 저술하였다. 여기서 그가 주로 밝힌 것은 그의 「자찬묘지명」에
서 다음과 같이 말하고 있다.

5성(五聲)·6율(六律)은 동일한 것이 아니다. 6율은 그것으로써
악기를 제작하는 것이니 악가(樂家)의 선천(先天)에 속하는 것이
요, 5성은 그것으로써 가락을 나누는 것이니 악가(樂家)의 후천
(後天)에 속하는 것이다. 추연·여불위·유안(劉安) 등의 '율을
불어 소리를 정한다[吹律定聲]'는 사설(邪說)을 분변(分辨)하고 삼
분손익(三分損益) 취처생자(娶妻生子)의 설과 괘기월기(卦氣月氣)·
정반변반(正半變半)의 설은 온통 취하지 않기로 하였다.

고 하고서 이어 말하기를,

> 6율은 각각 삼분손일(三分損一)하여 6려(六呂)하게 함으로써 영주구(伶州鳩) 대균(大均)·세균(細均), 3기(三紀)·6평(六平)의 유법(遺法)을 준수하도록 하였다.

고 한 뒤 기록에 따르면 다산은 적어도 악리(樂理)의 규명에 있어서도 추연·여불위 등이 꾸며낸 한대의 술수학적 이론을 배격하고 삼천양지설(參天兩地說)에 근거한 음양설적 고의에 의하여 악리를 분변(分辨)하려고 한 것이다. 그러므로 여기서는 다산이 편술한 내용을 열거하여 그의 악서의 규모만을 제시함으로써 동호자의 참고로 삼게 하려고 한다.

1. 6율[황종(黃鍾)·태주(太簇)·고선(姑洗)·유빈(蕤賓)·이칙(夷則)·무역(無射)]과 5성[궁(宮)·상(商)·각(角)·치(徵)·우(羽)]은 같지 않다.
2. 6율은 본래 종성(鍾聲)에서 일어난다.
3. 8음[금종(金鐘)·석경(石磬)·사현(絲絃)·죽관(竹管)·빈생(賓笙)·토훈(土壎)·혁고(革鼓)·목지어(木梪敔)]의 모든 악기는 다 12율[양성(陽聲)으로 6율이 있고 음성(陰聲)으로 6동(六同)이 있는데 6동은 대려(大呂)·응종(應鐘)·남려(南呂)·임종(林鐘)·소려(小呂)·협종(夾鐘)이다]을 갖추고 있다.
4. 6율의 관악은 집율(執律)할 수는 있어도 취율(吹律)해서는 안 된다.
5. 주(奏)는 구하(九夏)의 금주(金奏)요 가(歌)는 아송(雅頌)의 시편(詩篇)으로서 일주일가(一奏一歌)하니 그것은 다른 두 개인 것이다. 그런데 정현은 시전예주(詩箋禮註)에서 가주(歌奏)를 섞어서 하나로 여겼기에 고악(高樂)의 자취가 더욱 어두워질 따름이다. 그러므로 금주시가(金奏詩歌)는 각각 따로 하나가 되어 그로써 율려(律呂)에 배합하는 것이다.

6. 6율은 경이 되고 5성은 위가 된다.

7. 하지 동지에 있는 두 지(至)의 주악(奏樂)은 푸닥거리인 회제(禬除)의 법으로서 제사의 예는 아니다.

8. 12율의 이름은 그 유래가 꽤 오래되지만 그 뜻이 어디에 깃들어 있는지는 알 길이 없다. 이제 영주구(伶州鳩)의 말이 자세하기는 하지만 어렴풋하게 모색(摸索)하여 그의 본지는 아닌 양하다. 오직 황종(黃鍾)만은 중성(中聲)의 종이니 황이란 중의 색이기 때문이다. 옛날의 신고(神瞽)는 중성을 고려하여 조율하였으니 중성 이상은 지나치게 중후하거나 지나치게 혼탁하기 때문에 버리고 사용하지 않는 것은 중성은 12율의 근본이 되기 때문이다. 그런데 여불위·유안(劉安)의 학은 도리어 종(鍾)을 폐(廢)하고 관(管)을 세우고자 하였고 그들이 12종의 뜻을 해석한 것은 모두 지리 부회하여 12진(辰)의 기(氣)에 배합시켜 놓았으니 이만저만 속된 것이 아니다. 종이란 쇠로 만든 것인데 종(種)이라거나 종(踵)이라거나 한다면 어찌 이치에 합당하겠는가.

9. 12율의 대소 장단을 가려 놓았다.

10. 7음에 관한 영주구(伶州鳩)의 설은 본래 술수가의 설과 관계된 것이라 잘못된 것이어서 실리와는 맞지 않는다. 세월 사이에 비록 칠수(七宿)의 간격이 있다손 치더라도 이것으로 7율(七律)을 조위할 필요는 없다. 7율은 무왕 때 시작된 것은 아니다.… 악이란 5음에 그치는데 어찌하여 7음이 될 수 있는가. 단 음절의 변화는 점진적인 것을 귀하게 여기는데 5음 사이에 있는 청탁(淸濁)대소(大小)의 변화가 혹시라도 지나치게 급히 몰아치게 된다면 궁(宮)·상(商) 사이에 일격(一格)을 더하여 변궁(變宮)이라 이르고 치(徵)·우(羽) 사이에 일격(一格)을 더하여 변치(變徵)라 이른다. 그러나 또한 5음의 위치는 마치 괘획(卦畫)이 아래로부터 위로 오르듯 탁한 것이 청하게 되고 중한 것이 경하게 되므로 궁위(宮位)가 최하요 우위(羽位)는 최고가 된다. 그러므로 7음의 상하(商下)는 우(羽)·변치(變徵)·치(徵)·각(角)·상(商)·변궁(變宮)·궁(宮)이 된다.

11. 사청(四淸)이란 5음의 간성(間聲)이다. 무릇 음이 궁(宮)보다 지나치면 지나치게 탁하므로 성인은 이를 버리고 사용하지 않는다. 우(羽)보다 지나치면 지나치게 청하므로 성인은 이를 버리고 사용하지 않는다. 그러므로 궁(宮)·상(商)·각(角)·치(徵)는 다 청성

(淸聲)이 있는데 오직 우(羽)만은 없는 것은 이 때문인 것이다.

이상과 같이 악론을 전개한 다산은 자기의 입장을 다음과 같이 서술하고 있다.

주나라 때의 악서(樂書)로서 지금에 남아 있는 것은 오직 위로는 주례 몇 절뿐으로서 그의 규모 절목은 모두 없어지고 남은 것이라고는 없다. 그러나 나는 진짜는 없어졌을망정 가짜가 온전하기를 원하지 않는다. 추연·여불위 이래로 가짜가 판을 치고 괴상망칙한 것이 나돌아 다니면서 "율을 불면 회양(回陽)할 수 있다" 이르기도 하고 "매관(埋管)하면 후기(候氣)할 수 있다" 이르기도 하면서 율기(律氣)로써 월기(月氣)에다 배합하고 괘기(卦氣)에다 배합하고 수도(宿度)에다 배합하는가 하면 취처생자지법(取妻生子之法)이 있고 자모상생지례(子母相生之例)도 있으니 주먹구구식으로 갈래갈래 분석해 놓고서 천지의 묘리를 다했고 조화의 오의(奧義)를 캐냈다 하지만 그것으로써 조치하면 어느 음악한 곡조도 탈 수가 없으니 이는 의술에 있어서의 오운육기설(五運六氣說)과도 비슷하여 아무런 소용도 닿지 않는 점에 있어서는 마찬가지인 것이다.

라 하고서 다음과 같이 분변(分辨)한다.

1. 취율(吹律)로서는 5음을 바르게 할 수 없다.
2. 가회(葭灰)로 매관(埋管)한다 하더라도 후기(候氣) 정률(定律)할 수는 없다.
3. 서(黍)로써 정률(定律)한다지만 그것은 본래 불합리한 방법이다.
4. 취율(吹律)하더라도 출성(出聲)할 수는 없다.
5. 12율을 월기(月氣)에 배합해서는 안 된다.
6. 12율을 건곤 6효에 배합해서는 안 된다.
7. 삼분손익(三分損益) 상하상생법(上下相生法)은 오성(五聲)에서 비롯하는데 맨 처음 관자에 나온다.

8. 12율에는 상하상생법(上下相生法)이 없다.

9. 율서종분(律書鍾分)의 법은 12율의 실수(實數)가 될 수는 없다.

10. 12율의 촌수는 제설이 같지 않으니 의거할 수가 없다.

11. 12율에는 취처생자지법(娶妻生子之法)이 없다.

12. 12율 격상팔생(隔相八生)의 설은 상생하생(上生下生)의 설과는 합치하지 않는다.

13. 12율 환궁지법(還宮之法)은 주례와 엇나가기 때문에 사용할 수가 없다.

14. 이변성(二變聲)은 삼분손익(三分損益)에서 나온 것이 아니다.

15. 경방(京房)이 제시한 60율은 잘못된 것이다.

16. 전악(錢樂)의 300율과 만보상(萬寶常)의 1008성은 모두 선관지법(旋宮之法)에서 나왔다.

17. 12율에는 반성(半聲) 변반성(變半聲)의 용(用)이 없다.

18. 사청(四淸)은 오성(五聲)의 청(淸)은 될지언정 12율의 청성(淸聲)이 될 수는 없다.

19. 경방(京房) 입준법(立準法)은 곧 율가(律家)의 이단이다.

20. 대예악(大豫樂)의 균종목(均鍾木)은 곧 악가(樂家)의 모적(蟊賊)이다.

21. 양무제(梁武帝) 사통(四通)의 제작은 곧 경방율준(京房律準)의 변법이다.

22. 왕박(王朴)의 율준(律準)은 곧 양무제 사통(四通)의 유법(遺法)이다.

23. 오종(五鍾)에 아(啞)가 있는 것은 본래 십이율환궁법(十二律還宮法)에서 유래한 것이다.

24. 소지파(蘇祇婆) 칠조(七調)는 본시 성조의 이름이지 율명(律名)이 아니다.

25. 12율관(十二律管)의 둘레가 모두 구분(九分)이라는 설을 논박함.

26. 이변(二變)과 사청(四淸)을 아울러 사용하는 법을 논박함.

27. 유빈(㽔賓) 이상에서 오성(五聲) 이변(二變)이 됨을 논박함.

28. 사상척공육(四上尺工六)으로서 고악(古樂)을 정함을 논박함.

29. 초사(楚詞) 사상(四上)으로써 악보의 사상(四上)을 증명한다 함을 논박함.

30. 산수무용지설(算數無用之說)을 논박함.

31. 영주구(伶州鳩) 종율지의(鍾律之義)가 모여 한 설이 됨을 논박함.

32. 주나라는 문왕 무왕 뒤에 칠성(七聲)을 해득하지 못했다 함

을 논박함.

33. 이칙(夷則) 무역(無射)에는 상궁(上宮)이 없다 함을 논박함.

34. 오정(五正)이 필(畢)하자 사청(四淸)이 일어났다 함을 논박함.

35. 궁(宮)·상(商)의 사이와 치(徵)·우(羽) 사이의 서로의 사이가 배가된다는 설을 논박함.

36. 역수(曆數) 칠성(七聲)의 그릇된 논의를 논박함.

37. 죽관(竹管) 정율(定律)이 사황(絲簧)보다는 낮다는 설을 박함.

이하 그의 조목만을 예시하면 다음과 같다.

1. 율에는 삼기육평이 있음을 조사함. 査律有三紀六平

2. 율은 모두 셋으로 나누어 그중 하나를 덜어내는데 각기 일려를 낳음을 조사함. 査律皆三分損一各生一呂

3. 오성은 각 구로 차이를 둠을 조사함. 査五聲各差以九

4. 십이율은 모두 똑같이 팔십일분임을 조사함. 査十二律皆同八十一分

5. 십이율오성의 차이는 황종척에 기준을 두는데 각기 얼마나 차이를 두는가를 조사함. 査十二律五聲之差準黃鍾尺各差幾何

6. 십이율로써 기구를 만드는 자는 하늘의 조화의 원리를 본받음을 조사함. 査十二律以制器法上天造化之理

7. 십이율종 제도를 조사함. 十二律鍾之制

8. 십이편종 제도를 조사함. 査十二編鍾之制

9. 십이경 제도를 조사함. 査十二磬之制

10. 십이훈 제도를 조사함. 査十二塤之制

11. 십이금슬 제도를 조사함. 査十二琴瑟之制

12. 십이생 제도를 조사함. 査十二笙之制

13. 십이소 제도를 조사함. 査十二簫之制

14. 십이적 제도를 조사함. 査十二笛之制

15. 팔음을 팔괘와 배합할 수 없음을 정정함. 訂八音不可與八卦配合

16. 오성을 오행과 배합할 수 없음을 정정함. 訂五聲不可與五行配合

17. 오성을 군신 사물과 배합할 수 없음을 정정함. 訂五聲不可以配君臣事物

18. 『관자』의 소·양·꿩·돼지의 소리는 오성에 대한 실제 모

사가 아님을 정정함. 訂管子牛羊雉豕之鳴非五聲之實模

19. 글자 음의 목구멍·잇몸·혀·이·입술을 오성과 배합할 수 없음을 정정함. 訂字音之喉齶舌齒脣不可以配五聲

20. 오성의 성조는 혹은 칠조 혹은 구조이지만 이십팔보다 많을 수 없음을 정정함. 訂五聲之調或七或九不可多至於二十八

21. 오성의 구별은 거문고·피리·종·경·쇠에 불과함을 정정함. 訂五聲之別不過乎絲竹金石

22. 사성의 경위현위는 각기 오성을 취하여 오성의 오묘한 작용을 다함을 정정함. 訂絲聲經緯絃徽各取五聲以盡五聲之妙用

23. 죽성은 그 공혈이 오성에 응하기 때문임을 정정함. 訂竹聲以其孔穴應五聲

24. 금성 석성은 크고 작은 망치로 높고 낮게 때려서 그 오성을 구별함을 정정함. 訂金聲石聲以槌之大小擊之高下別其五聲

25. 음악은 시종을 갖추고 오성이 어울려 다시 한 바퀴 순환하여 한 장이 됨을 정정함. 訂樂具始終而五聲交錯凡再周爲一章

26. 오성은 숫자에 제한되지 않으니 한 글자이면서 몇 소리로 전환되기도 함을 정정함. 訂五聲不限字數或一字而轉數聲

27. 오성은 각기 하나의 오성을 구비함을 정정함. 訂五聲各具一五聲

제 4 장

일표이서의 학

다산은 강진 귀양살이 때『주역』·『상례』·『시경』·『춘추』·『논어』·『중용』·『맹자』·『대학』·『악서』그리고『상서』초고 등 육경사서학을 거의 끝냈다. 그리고 나서 일표이서를 그의 해배를 전후한 3년 사이에 정리하였다. 즉 1817년『경세유표』(방례초본), 1818년『목민심서』－해배(추9월), 1819년『흠흠신서』의 순서였다.

이 일표이서 중『경세유표』는 제일 먼저 착수하였지만 끝내 미완본(未完本)으로 처리되고 있는데 그것은 사실상『목민심서』나『흠흠신서』에 보완되어 있기 때문인 것으로 풀이되기도 한다. 그러므로 이 일표이서는 각각 독립된 세 권의 저술이라기보다는 차라리 삼위일체, 곧 삼이일(三而一)적 저술로 보는 것이 좋을지 모른다. 그리고『경세유표』32권,『목민심서』48권,『흠흠신서』30권 등 도합 110권이라는 방대한 저술이 3년 사이에 이루어진 것은 기적에 의하여 된 것이 아니라 그에 앞서 이미 경학의 정리가 이루어져 사상 또는 이념적 기반이 확고하게 서 있었는 데다가 다음과 같은 단편적인 글들이 이미 쓰여 있었으므로 이들을 종합하는 작업이 바로 일표이서의 저술로 나타나게 되었기 때문이다. 선행한 단문들의 제목을 들어보면 다음과 같다.

전선책((戰船策) · 조운책(漕運策) · 황정책(荒政策) · 염책(鹽策) · 농책(農策) · 호적의(戶籍議) · 신포의(身布議) · 환향의(還餉議) · 고적의(考績議) · 원정(原政) · 원사(原赦) · 원목(原牧) · 거관사설(居官四說) · 전설(田說) · 직관론(職官論) · 군기론(軍器論) · 향리론(鄕吏論) · 기예론(技藝論) · 탕론(湯論) · 환상론(還上論) · 간리론(奸吏論) · 감사론(監司論) · 전결변(田結辨) 등

제1절 경세유표

『경세유표』는 본래 『방례초본』이라 하였는데 방례란 곧 주례와 대를 이루는 것으로서 주례도 주의 입장에서는 방례가 아닐 수 없다.

그러나 주례와는 달리 『유표』의 육조는 기록이 지관수제(地官修制)에 편중되어 있을 뿐만이 아니라 숫제 추관(秋官)·동관(冬官)은 결(缺)로 되어 있으니 그의 목차만이라도 기록해 보면 다음과 같다.

1. 천관수제(天官修制)

동반관계(東班官階)·서반관계(西班官階)·종친훈척(宗親勳戚)·외명부(外命婦)·외관지품(外官之品)·삼반관제(三班官制)·군현분예(郡縣分隷)·군형분등(郡縣分等)·고적지법(考績之法)

2. 지관수제(地官修制)

전제[田制1, 정전론(井田論) 1−3~5], 전제고6 [田制考6, 방전의(邦田議)], 전제(田制7~8), 잔제[田制9~12, 정전의(井田議)1~4], 전제별고1[田制別考1, 결부고변(結負考辨)·제로양전고(諸路量田考)·보무고(步

畝考)・방전시말(方田始末)], 전제별고2[田制別考2, 어린도설(魚鱗圖說)], 전제별고3[田制別考3, 상동(上同)], 부공제[賦貢制1, 구부론(九賦論)], 부공제[賦貢制2~5, 賦貢制6, 잡세(雜稅)・역역지정(力役之征)・이사지례(弛舍之例)], 부공제7[賦貢制7, 방부고(邦賦考)], 창름지저[倉廩之儲1~3, 상평차조례(常平倉條例)], 호적법(戶籍法), 교민지법(敎民之法), 균역사목추의[均役事目追議1, 해세(海稅)・어세(魚稅)・곽세(藿稅)・염세(鹽稅)・고려염법론(高麗鹽法論)], 균역사목추의[均役事目追議2, 선세총론(船稅總論)・전선사용의(戰船使用議)]

주례육관(周禮六官)	유표육조(遺表六曹)
천관총재치관(天官冢宰治官)	천관이조(天官吏曹)
지관사도교관(地官司徒敎官)	지관호조(地官戶曹)
춘관종백예관(春官宗伯禮官)	춘관예조(春官禮曹)
하관사마정관(夏官司馬政官)	하관병조(夏官兵曹)
추관사관형관(秋官司冠刑官)	추관형조(秋官刑曹)
동관고공기(冬官考工記)	동관공조(冬官工曹)

  3. 춘관수제(春官修制): 과거지규(科舉之規1), 선과거지규(選科舉之規2), 치선지액(治選之額)

  4. 하관수제(夏官修制): 무과(武科), 진보지제(鎭堡之制)

  5. 추관(秋官): 결(缺)

  6. 동관(冬官): 결(缺)

이에 대한 보완은 다음 페이지와 같은 『목민심서』와의 대조표에서 충분히 메워졌음을 짐작하게 한다.

유표육조(遺表六曹)	심서육전(心書六典)
천관이조(天官吏曹)	이전(吏典)
지관호조(地官戶曹)	호전(戶典)
춘관예조(春官禮曹)	예전(禮典)
하관병조(夏官兵曹)	병전(兵典)
추관형조(秋官刑曹, 결缺)	형전(刑典)
동관공조(冬官工曹, 결缺)	공전(工典)

국법이나 제도는 함부로 뜯어고칠 수 없는 것이기는 하지만 그것이 시대의 흐름에 따라서 개혁이 요청될 때에는 단호하게 고쳐야 함은 다시 말할 나위도 없다. 그러므로 다산은 그의 「경세유표인(經世遺表引)」에서 불가역론(不可易論)과 아울러 개혁론의 당위성을 다음과 같이 설파하고 있다.

영종이 균역법을 세우려고 할 때 이를 저지하려고 하는 자가 있거늘 영종은 말하기를 "나라가 비록 망하더라도 이 법은 고치지 않을 수 없다"고 하였으니 이야말로 대성인의 대언으로서 시군세주(時君世主)쯤이야 힘써 입 밖에 내지도 못할 말이다. 그러므로 개법수관(改法修官)은 춘추에서 이를 귀하게 여겼다.

고 하여 영종의 개혁정신을 높이 평가하고 있다.

1. 불가역론

역리에도 불역과 변역의 상반된 원리가 함께 존재하듯이 국법과 제도에도 영세불변(永世不變)해야 할 원리와 여세추이(與世推移)해야 할 원리가 있는 것이다. 그러므로 다산은 먼저 그의 「경세유표인」 중에서 그의 불가역론(不可易論)을 다음과 같이 열거하고 있다.

1. 관원은 120으로 한정하되 6조로 하여금 각각 20명씩을 차지하도록 한다.

2. 관원의 품계는 9품으로 정하되 정종(正從)의 구별은 없애도록 하지만 오직 1품, 2품에만 정종의 별을 마련한다.

3. 호조를 교관으로 삼고 6부로 6향을 삼되 향삼물(鄕三物)이 만민을 교육하는 면목을 세우도록 한다.

4. 고적법(考績法)을 엄하게 하고 고적(考績)의 조목을 상세하게 하여 당우성대(唐虞聖代)의 옛 모습을 복원토록 한다.

5. 삼관삼천법(三館三遷法)을 혁신하여 신진으로 하여금 귀천으로 나누게 되는 일이 없도록 한다.

6. 능(陵)을 수호하는 관리는 초사(初仕)로서 요행의 문이 막히게 되는 일이 없도록 한다.

7. 대소과를 합하여 하나로 만들고 급제한 자 36명을 취하여 3년마다 한 번씩 시험을 치르게 하되 정시절제(庭試節制)의 법을 증광하게 하는 일을 파하여 취인(取人)하는 데 제한을 두도록 한다.

8. 문과와 무과의 인원을 동일하게 하고 등과한 자는 전원 보관(補官)하도록 한다.

9. 전(田) 10결 중에서 1결을 취하여 공전으로 만들고 농부들로 하여금 경작을 돕도록 하며 세금은 거두지 않는다.

10. 군포법(軍布法)을 없애고 구부제(九賦制)는 조정하여 민의 부역이 대체로 균등하게 되도록 한다.

11. 둔전법(屯田法)을 수립하여 경성 수십 리 내에서는 모두 삼군전(三軍田)을 경작하게 하여 왕도(王都)를 보위하게 하고 경비를 절감하게 하며 읍성 수리 안에서는 아병전(牙兵田)을 경작하게 하여 군현을 호위하게 한다.

12. 사창(社倉)의 한도를 결정하고 상평법을 수립하여 간람(奸濫)의 피해를 막도록 한다.

13. 중전(中錢)・대전(大錢)을 주조하고 은전(銀錢)・금전(金錢)을 주조하여 9환(圜)의 등급을 분변하게 하고 연경으로 빠져나가는 길을 막도록 한다.

14. 향리의 정족수를 결정하고 세습법을 금지하여 그로써 간견(奸猾)한 짓을 막아내도록 한다.

15. 이용감(利用監)을 신설하고 북학법(北學法)을 의론하여 부국강병을 도모하도록 한다.

이상 15조는 국가의 백년대계에 속하는 것으로서 그의 뿌리가 흔들려서는 안 되기 때문에 불가역의 범주 안에 든다. 그러나 다산의 참모습은 차라리 그의 비판적 개혁론 중에서 찾아보아야 할지 모른다. 그중의 몇 가지를 다음에 찾아보도록 하겠다.

2. 개혁론

다산의 비판적 개혁정신이 깃들어 있는 몇 가지 사항만 추려서 설명을 붙여 보기로 한다.

1. 상평평부론(常平平賦論): 세제개혁으로서 세액의 공평을 기하도록 한다.

2. 병농일치제(兵農一致制): 다산은 "군사를 기르는 법은 정전(井田)을 최상으로 하고 둔전(屯田)은 그다음이라" 하였는데, 이는 농경국가에서는 당연한 논리이다.

3. 이용후생론(利用厚生論): 이는 중공정책적 색채가 짙으며 이용감한 부서를 증설하여 기기도설(奇器圖說)이나 중국기용지제(中國器用之制)를 도입하고 백공기예를 중국에서 배우는 것이 급선무라는 주장이다.

4. 고적론(考績論): 행정의 요체는 고적에 있으므로 다산은 "요순의 요순다운 치적은 고적(考績) 한 가지 일에 지나지 않는다"고까지 말하고 있다. 그의 고적의(考績議)에서는 6강(綱) 4목(目)에 지나지 않던 것을 『유표』에서는 9강 6목으로 확충하였다. 그의 수령고적(守令考績)의 강목을 적기하면 다음과 같다.

1) 율기(律己): 칙궁(飭躬) 여행(礪行) 상정(觴政) 색계(色戒) 감권(減眷) 병객(屛客)

2) 봉공(奉公): 첨하(瞻賀) 선포(宣布) 보문(報聞) 공납(貢納) 예제(禮際) 왕역(往役)

3) 애민(愛民): 양로(養老) 자유(慈幼) 진궁(振窮) 애상(哀喪) 관질(寬疾) 구재(救災)

4) 이전(吏典): 거현(擧賢) 공사(貢士) 속리(束吏) 용인(用人) 문첩(文牒) 상벌(賞罰)

5) 호전(戶典): 교민(敎民) 전정(田政) 부역(賦役) 시조(市糶) 농정(農政) 진휼(賑恤)

6) 예전(禮典): 제사(祭祀) 빈객(賓客) 예제(禮制) 예속(禮俗) 흥학(興學) 부문(賦文)

7) 병전(兵典): 양병(養兵) 권무(權武) 수병(修兵) 목마(牧馬) 조정(調丁) 비환(備患)

8) 형전(刑典): 청송(聽訟) 단옥(斷獄) 신형(愼刑) 금제(禁制) 양형(量衡) 제해(除害)

9) 공전(工典): 산림(山林) 천택(川澤) 해우(廨宇) 성곽(城廓) 도로(道路) 주거(舟車)

5. 전제: 다산의 전제는 여전론으로 집약된다. 이는 경자유전을 원칙으로 하고 유민방지를 두 번째로 하는 30구 집단농장제인 것이다. 이는 또한 병농일치제의 기초가 되기도 한다.

6. 과거론: 과거제도에 대하여는 전폭적인 개혁이 필요함을 역설한다. 정원제를 고수하며 대소과를 통일하고 3년 대비제(大比制)를 실시한다. 전시(殿試)가 끝나면 조고(朝考)를 거치는데 조고란 다음달 삼관학사(三館學士)들이 조당에 모여 새로 급제한 40명의 인원을 소집한 후 경사를 토론함으로써 그들의 학업정도를 탐인(探印)하는

것을 가리킨 것이다. 요즈음 말로는 학술토론에 의한 학력 테스트라고 할 수 있다. 그리하여 다산은 「자찬묘지명」에서 『경세유표』를 총괄하여 다음과 같이 말하고 있다.

> 경세(經世)란 무엇인가. 관제(官制)・군현제(郡縣制)・전제(田制)・부역(賦役)・공시(貢市)・창저(倉儲)・군제(軍制)・과제(科制)・해세(海稅)・상세(商稅)・마정(馬政)・선법(船法)・영국지제(營國之制) 등 시용(時用) 여부는 가리지 않고 경법(經法)을 수립하고 기강을 확립함으로써 우리 구방(舊邦)을 새롭게 하고자 한다.

라 하였으니 『경세유표』야말로 다산의 경국대전(經國大全)이라 할 수 있다.

제2절 목민심서

　『목민심서』는 『경세유표』에 있어서의 수령고과·9강6목을 확대하여 12강6목으로 전개시켜 가지고 목민관의 행정지침서로 꾸민 저술이다. 『목민심서』가 비록 『경세유표』와 표리관계를 이루어 상호보완적 의미를 지니고 있다손 치더라도 하나의 독립된 저술로서도 다산학의 구심적 저술의 구실을 다하기에 넉넉하다는 사실을 우리는 주목하여야 할 것이다. 왜냐하면 다산학은 한마디로 말하면 목민의 학이라 해야 할지 모르기 때문이다. 그러므로 우리는 목민의 학의 기초가 되는 목민의 도에 대하여 먼저 고찰해 보도록 하는 것이 좋을 것이다.

1. 목민지도

　다산은 공자의 인을 설명하는 대목에서 다음과 같이 서술하고 있다.

인(仁)이란 2인이 서로 관여하는 것이다. 어버이를 섬기되 효로써 한다면 인이 되는 것이니 부(父)와 자(子)는 2인이다. 형을 섬기되 제(悌)로써 한다면 인이 되는 것이니 형과 제는 2인이다. 군왕을 섬기되 충으로써 한다면 인이 되는 것이니 군(君)과 신(臣)는 2인이다. 민을 목양하되 자로써 한다면 인이 되는 것이니 목과 민은 2인이다. 그리하여 부부·붕우 등 무릇 2인 사이에서 그의 도리를 극진히 하는 것은 다 인(仁)인 것이다(『논어고금주』).

라 한 것을 분석해 본다면 다산은 두 인간의 윤리를 논술함에 있어서 맹자의 오륜인 부자·형제·군신·부부·붕우 외에 목민자(牧民慈)의 1륜을 추가했음을 발견하게 될 것이다. 이는 다산의 윤리사상의 전개에 있어서 획기적인 의미를 가지는 것으로서 그가 이미 고전적인 공자의 효제 중심의 인이나 맹자의 오륜의 세계에서 일보 전진하여 새로운 목민자의 윤리를 역설했다.

다산은 또 다음과 같이 말하기도 한다.

인(仁)은 총명으로서 사군(事君)·목민(牧民)·휼고(恤孤)·애환(哀鰥) 등 포함되지 않음이 없다.

군주에게 충성하고 백성에게 자애로운 것을 인(仁)이라 한다.

등 다산은 기회 있을 때마다 목민자(牧民慈)의 윤리를 역설한다.

우리는 이미 대학의 명덕설에서 효제자 삼덕설에 접한 바 있다. 이때에 이미 효제 외에 자덕(慈德)이 크게 부각되어 있음을 주목한 바 있거니와 이러한 자덕(慈德)은 바로 목민자(牧民慈)로서 중요한 의미를 갖게 되었음을 여기서 발견하게 된다. 그러므로 다산의 목민윤리야말로 고전적 수사학의 정맥을 잇는 것으로서 공자의 친친[효]사상이 맹자의 존현[제]사상을 거쳐 다산의 목민(자)사상으로 발전 전개하고 있음을 주목해야 할 것이다.

다산은 또 그의 「원목」이란 글에서 목자상을 다음과 같이 그려 놓고 있다.

> 목자가 인민을 위해 있는가. 인민이 목자를 위해 살고 있는가. 인민이 양곡과 마사(麻絲)를 갹출하여 그로써 그들의 목자를 섬기고 인민이 여마와 추종을 거출하여 그로써 그들의 목자를 송영하고 인민은 그들의 고혈 진수를 마르게 하여 그로써 그들의 목자를 살찌게 하니 인민이 목자를 위해 살고 있는 것일까. "아니다. 결코 아니다." 목자가 인민을 위해 있는 것이다.

라고 한 것을 보면 목자의 존재이유는 하나에서 열까지 오로지 인민을 위하여 있다는 사실을 분명히 하고 있다.

그러므로 다산의 목민윤리는 곧 하향적 애민윤리요 그것은 민본적 위민사상이라고 풀이할 수도 있을 것이다. 그러므로 고대에 있어서는 목자(통치자)는 민의에 의하여 선출되었다는 사실을 그의 「원목」에서 다음과 같이 지적하여 근대사상과의 접근을 시도하고 있다.

> 옛날 옛적에는 인민만이 있었을 따름이니 어찌 목자가 있었겠는가. 인민들은 우글우글 모여 살고 있을 때 한 사내가 이웃과 싸우되 결말을 내지 못하자 한 노인이 공정한 말을 잘 하므로 그이에게 나아가 올바른 판결을 받으니 온 이웃들이 온통 그에게 복종하고 그를 추대하여 함께 존경했다. 이를 이름하여 이정(里正)이라 하였다. 이에 몇 리 온통 인민들이 다른 마을과 다투되 결말을 내지 못하자 한 노인이 준수하여 견식도 많거늘 그이에게 나아가 올바른 판결을 받으니 온 동리가 온통 그에게 복종하고 그를 추대하여 함께 존경하니 이름하여 당정(黨正)이라 하

였다. 몇 당 인민들이 다른 당과 서로 다투되 결말을 내지 못하
자 한 노인이 현명한 데다가 덕이 있으므로 그이에게 나아가 올
바른 판결을 받으니 이를 본 당내 사람들이 온통 그에게 복종하
고 그를 추대하여 함께 존경하니 이를 이름하여 주장(州長)이라
하였다. 이에 몇 주의 장들이 한 사람들을 추대하여 장으로 삼
으니 이름하여 국군(國君)이라 하였고 몇 나라 국군이 한 사람을
추대하여 장으로 삼으니 이름하여 방백(方伯)이라 하였다. 사방
의 방백들이 한 사람을 추대하여 종(宗)으로 삼으니 이름하여
황왕(皇王)이라 하였으니 황왕의 근본은 이정에서 일어났기 때
문에 목자는 인민을 위하여 있다고 하는 것이다.

라 한 글을 음미하면 "황왕(皇王)의 근본은 이정(里正)에서 비롯된다"
는 말로 요약된다고 볼 수 있다.

최고의 황왕도 그 뿌리는 최하의 이정에서 비롯하는 민주주의 상념
을 여기서 찾아낼 수가 있다. 그러나 후세에 이르러 이러한 상고시대
의 이정·당정·주장·국군·방백·황왕의 순위가 무너짐으로써 역
으로 전제체제가 발생하였음을 다산은 다음과 같이 묘사하고 있다.

후세에 이르자 한사람이 스스로 황제라 자칭하고 그의 자제들
과 그의 시어(侍御) 복종(僕從)하는 인물들을 봉하여 제후로 삼고
제후는 그의 사인(私人)을 간택하여 주장으로 삼고 주장은 그의
사인을 추천하여 당정과 이정으로 삼으니 이에 황제는 자기 욕
심 내키는 대로 법을 제정하여 제후에게 내려주고 제후는 또 자
기 욕심 내키는 대로 법을 제정하여 주장에게 내려주고 주장은
이를 당정에게 내려주고 당정은 이를 이정에게 내려주는 까닭
에 그 법이 모두 왕을 존숭하면서 인민은 비하시키며 하민(下民)
의 것을 깎아다가 윗사람에게 보탬이 되게 하니 인민이 목자를
위하여 살고 있는 것같이 되었다.

고 한 것은 민주주의를 역행한 전제군주체제를 여실히 웅변하는 것

이라 하지 않을 수 없다.

다산의 원목론(原牧論)은 이렇듯 민주체제와 전제체제가 논리정연하게 묘사되어 있지만 당시의 수령 방백은 후자에 속하는 자로서 이들이 상고체제로 바꿀 수는 없다는 데에 다산도 극복할 수 없는 시대적 한계가 있다. 이렇게 볼 때 그것은 또한 목민심서의 한계점인지도 모른다.

어쨌든 『목민심서』의 대상이 된 목자[목민자]는 모름지기 목민자의 실천자가 되어야 함은 다시 말할 나위도 없다.

2. 12강 6목

다산은 그의 「자찬묘지명」에서 다음과 같이 요약하고 있다.

> 목민이란 무엇인가. 현세의 법에 근거하여 나의 인민들을 목양하자는 것이다. 율기·봉공·애민이 삼기(三紀)가 되고 이·호·예·병·형·공이 육전(六典)이 되고 진황(振荒)으로써 끝을 맺되 1목(目)에 각각 6조(條)씩을 갖게 하여 고금을 통한 간위(奸僞)를 적발하도록 민목에게 내려줌으로써 한 사람이라도 그의 혜택을 입는다면 그것이 바로 내 마음이다.

라고 한 것을 보면 현세의 시대적 제약의 조건하에서일망정 한 사람의 목민관으로 하여금 진정한 목민관이 되도록 하는 것이 바로 이 『목민심서』를 저술한 다산 자신의 마음이라는 것이다. 그러므로 목민심서는 제도적 개혁론이라기보다는 목자의 정신[마음]개조론이라 하는 것이 옳을는지 모른다.

이를 위한 『심서』의 강목은 『유표』의 수령고과(守令考課) 9강(綱)6
목(目)을 확대한 것이라는 사실은 이미 위에서 언급한 바 있거니와
이제 이를 한눈으로 보기 위하여 표를 만들면 다음의 표와 같다.

강(綱) \ 목(目)	I	II	III	IV	V	VI
1	부임 (赴任)	제배 (除拜)	치장 (治裝)	사조 (辭朝)	계행 (啓行)	상관 (上官)	이사 (莅事)
2	율기 (律己)	칙궁 (飭躬)	청심 (淸心)	제가 (齊家)	병객 (屏客)	절용 (節用)	낙시 (樂施)
3	봉공 (奉公)	선화 (宣化)	수법 (守法)	예제 (禮際)	문보 (文報)	공납 (貢納)	요역 (徭役)
4	애민 (愛民)	양노 (養老)	자유 (慈幼)	진궁 (振窮)	애상 (哀喪)	관질 (寬疾)	구재 (救災)
5	이전 (吏典)	속리 (束吏)	어중 (馭衆)	용인 (用人)	거현 (擧賢)	찰물 (察物)	고공 (考功)
6	호전 (戶典)	전정 (田政)	세법 (稅法)	곡부 (穀簿)	호부 (戶簿)	평부 (平賦)	권농 (勸農)
7	예전 (禮典)	제사 (祭祀)	빈객 (賓客)	교민 (敎民)	흥학 (興學)	변등 (辨等)	과예 (課藝)
8	병전 (兵典)	첨정 (簽丁)	연졸 (練卒)	수병 (修兵)	권무 (勸武)	응변 (應變)	어구 (禦寇)
9	형전 (刑典)	청송 (聽訟)	단옥 (斷獄)	신형 (愼刑)	휼수 (恤囚)	금포 (禁暴)	제해 (除害)
10	공전 (工典)	산림 (山林)	천택 (川澤)	선해 (繕廨)	수성 (修城)	도로 (道路)	장작 (匠作)
11	진황 (賑荒)	비자 (備資)	권분 (勸分)	규모 (規模)	설시 (設施)	보력 (補力)	준사 (竣事)
12	해관 (解官)	체대 (遞代)	귀장 (歸裝)	원류 (願留)	걸유 (乞宥)	은졸 (隱卒)	유애 (遺愛)

이상 72강목에 의한 『목민심서』의 규모는 크게 나누어서 본문과
그의 해설이다. 그러나 여기에 담겨진 내용은 한낱 목민관에 대한
지침서에 그치고 있는 것이 아니라 당시에 있어서의 시대상의 고발

이 담겨 있다는 점에서 우리의 관심을 끌게 한다. 간위(奸僞)의 적발은 그것이 바로 시대상의 반영이 되기 때문이다. 당시의 행정중심은 전정(田政)과 군정이었으므로 여기서 우리는 『목민심서』가 고발한 농간의 몇 가지 사례만을 살펴보고 넘어가기로 한다. 『목민심서』는 다음과 같이 말하고 있다.

> 수령이 농락을 하는 궁기는 많지만 대략 그 이름을 세어보면 여섯이 있는데, 첫째, 반작(反作), 둘째, 가분(加分), 셋째, 허류(虛留), 넷째, 입본(立本), 다섯째, 증고(增估), 여섯째, 가집(加執)이다.

라 하였는데, 반작(反作)이란 겨울에 거두어들여야 할 양곡을 미수로 한 채 세미완납을 상사에게 문서로만 보고한다. 이듬해 봄에는 원천적으로 환분한 양 농민의 부채가 되니 이를 와환채(臥還債)라 하여 1석에 1냥씩 토전(討錢)하여 서리 현령들의 배를 채운다. 가분(加分)이란 양곡을 궁고(宮庫)에 보류시켜야 할 규정을 어기고 그 분량까지 대출하여 이식을 횡령한다. 허류(虛留)란 재고는 모두 고리채로 유용되어 장부상 기록은 아랑곳없이 창고는 텅텅 비어 있음을 의미한다. 입본(立本)이나 증고(增估)나 가집(加執)은 사물을 돈으로 환산하는 과정에서 일어나는 여러 가지 농간이다. 서리들의 농간은 수령보다도 더 심하고 교묘하기 때문에 여기에 이름만을 열거한다. 첫째, 반작(反作), 둘째, 입본(立本), 셋째, 가집(加執), 넷째, 암류(暗留), 다섯째, 반백(半白), 여섯째, 분석(分石), 일곱째, 집신(執新), 여덟째, 탄정(呑停), 아홉째, 세전(稅轉), 열째, 요합(徭合), 열한째, 사혼(私混), 열두째, 상권(償勸)이다. 이에 대하여 다산은 다음과 같이 한탄하고 있다.

이들은 모두 붓끝에서 이리저리 옮겨지는 것이요 산자(算子) 만이 굴러서 구름이나 안개처럼 변하여 파도나 모래알처럼 쌓였다가 흩어져 아무리 날래도 살필 수가 없고 아무리 영리해도 헤아릴 수가 없으니 거두어 일을 치르어 보지 않고서는 장차 어떻게 그들의 농간을 밝혀낼 수 있을 것인가.

이는 빙산의 일각처럼 그들의 농간의 일단을 보여주었을 따름이요 여기에 군포·세곡 등의 농간까지 곁들인다면 아사와 민요 중 택일을 강요당하고 있는 농민의 참상을 구제하기 어려울 것이기 때문에 다산은 이를 안타깝게 여기어 그의 서문에서,

목민(牧民)하고 싶은 마음은 있으나 이를 실천할 수 없는 처지이기 때문에 실현되기를 바라는 마음에서 이 책을 쓰노라.

하면서 목민관의 자성을 촉구한 것이 바로 이 목민심서인 것이다.

제3절 흠흠신서

　다산의 마지막 저서(1810년의 초고를 1834년에 개수한『상서고훈』
을 제외하고는……)인『흠흠신서』는 따지고 보면『경세유표』나『목
민심서』에 있어서의 형전(刑典)의 보완이라는 입장에서 쓰였다. 이
사실은 저자 자신도 서에서 "내가 목민에 관한 설을 편집하였는데,
인명에 대해서는 마땅히 전문적인 연구가 있어야 한다고 여겨 마침
내 별도로 이 책을 편찬한다[余旣輯牧民之說 至於人命則曰是宜有專門之
治 遂別纂爲是書]"라 했듯이 이를 인정하는 바이지만 그 이유로서는
여기서 지적한 바와 같이 인명에 관계되는 것이기 때문임은 다시 말
할 나위도 없다. 다산은 이 저술의 서문 서두에서 또 다음과 같이 말
하고 있다.

　　하늘이 사람을 낳기도 하지만 또 이를 죽이기도 하는 것이니 인
　　명은 하늘에 매어 달려 있는 것이다. 이에 사목은 또한 그 사이
　　에서 선량한 자는 안정된 생활을 영위하게 하고 허물이 있는 자
　　는 잡아서 이를 죽이기도 할 것이니, 이는 하늘의 권능을 나타
　　내는 것일 따름이다. 사람이 하늘의 권능을 쥐고 있으면서도 두

려워하고 조심할 줄을 모르며 세밀한 조사도 거치지 않고 함부로 다루기 때문에 혹 살려야 할 사람을 죽이거나 혹 죽여야 할 사람을 살려 놓고서도 아무렇지도 않은 양 생각하고 있기도 한다. 혹 금전에 탐이 났거나 부인에게 곱게 보이기 위하여 원통하게 울부짖는 애절한 소리를 듣고서도 이를 불쌍히 여길 줄을 모르니 이는 실로 큰 허물이 아닐 수 없다.

고 하였으니 모든 행정 중에서도 형정만은 실로 신중히 다루어야 할 부문임을 분명히 제시하고 있는 것이다. 그러므로 현대적 법언(法諺)으로도 "열 사람의 범인을 놓치더라도 한 사람의 무고한 처벌이 있어서는 안 된다."는 신중성의 요청에 의하여 다산은 독립된 형정서로서의 『흠흠신서』를 엮었던 것이다. 따라서 '흠흠'이란 단어의 의미도 '조심하며 불쌍히 여긴다'는 뜻으로 쓰인다는 것을 다음과 같이 지적하고 있다.

형사 사건 처리[斷獄]의 근본은 흠휼(欽恤)에 있다. 흠휼이란 그 사건을 조심스레 다루고 그 사람을 불쌍히 여기는 것이다.

라고 한 것이 바로 그 뜻이다.

1. 경사요의 외 2편

본서는 「경사요의((經史要義)」·「비상준초(批詳雋抄)」·「의율차례(擬律差例)」·「상형추의(祥刑追議)」·「전발무사(剪跋蕪詞)」 등으로 나누어 서술되고 있는데 「경사요의」의 소서(小序)를 보면,

형사 사건 처리의 근본은 흠휼(欽恤)에 있고 흠휼이란 그 사건을 조심스레 다루고 그 사람을 불쌍히 여기는 것이다. 형사 사건 처리방법에는 불변하는 법칙도 있지만 변화와 융통을 요하는 점도 있기 때문에 하나의 법칙만을 지키려고 고집해서는 안 된다. 더러 법률에서 아직 말하지 않은 점은 마땅히 경서의 고훈이나 역사적 고사 등에서 인용하여 그 뜻을 밝히고 이를 참작하는 데 도움이 되게 해야 할 것이기 때문에 여기에 경전이나 사서(史書)의 중요한 뜻을 간추려서 가려 쓰도록 한다.

고 하였다. 여기서 128항목에 걸쳐서 많은 사례를 보여주고 있는데 그중의 1항을 임의로 추출하여 옮겨 보면 다음과 같다.

숙종 36년(1710)에 경상도 삼가(三嘉) 출신 홍방필이 어떤 사람에 의해 피살되었다. 그의 아내 최씨와 딸 홍씨는 여러 해 동안 복수할 기회를 엿보다가 칼로 원수를 갚았다. 관찰사가 임금에게 아뢰니, 임금께서 전교(傳敎)하기를 "최·홍 두 여자의 뜻은 기필코 복수하는 데 있었고 마침내 기회를 엿보아 칼로 복수할 수 있었다. 그러고 나서 관문에 나아가 자수하였으니 그의 늠름한 절의는 옛 사람에게 부끄러움이 없다. 이들은 특히 법에 의하지 않고 제멋대로 살인한 죄를 용서해 줄 뿐만이 아니다" 하고, 이에 대신에게 물어 명령을 받아 처리하도록 했다. 판부사 이유, 좌의정 서종태는 다 같이 말하기를 "법대로 따져서 오로지 사형에 처해 버린다면 뒷날의 폐단이 염려되고 정려를 세워주는 문제는 경솔하게 시행하기 어렵습니다. 복호(復戶)나 시켜주어 아름답게 여긴다는 뜻이나 표시하는 것이 아마도 마땅할 것 같습니다"라고 하니, 임금도 그대로 따라 주셨다.

이러한 사례는 정상참작의 좋은 판례라 하지 않을 수 없다. 다음은 「비상전초」 140항으로서 그의 소서에서 이르기를,

비(批)란 상급 관아의 비판이요 상(詳)이란 하급 현(縣)의 신상(申詳)이다. 신상이란 우리나라에서는 첩보라 이르고 비판을 우리나라에서는 제사(題詞)라 이른다. 비상(批詳) 외에도 심판[審]·논박[駁]·평의[讞]·비의(比擬) 등이 있다. 그 체제는 서로 비슷하나 사륙변려문(四六騈儷文)을 써서 말하는 자도 있고 일관되게 논리를 펴는 자도 있는데 모두가 전아(典雅)하고 정밀하고 엄격하여 우리나라 제사와 첩보의 비속하고 지리(支離)하여 보는 자로 하여금 싫증이 나게 하는 부류와는 같지 않다. 간혹 대구를 섞어서 마치 희롱하는 것과 같아 경박한 허물이 있는데, 그것은 딱하게 여겨 불쌍히 대하고 조심하는 뜻이 아니다. 간혹 관화(官話) 문구는 뜻이 깊어 알기 힘든 대목이 있으나 고요히 연구하면서 사례를 찾아보면 모두 통할 수 있게 될 것이다. 이제 주의(奏議)·방시(榜示) 등 몇 가지를 앞에 실었으니, 이는 총의(總義)요, 다음에 비상(批詳) 여러 가지 글을 늘어놓아 여러 사례를 갖추어 놓았으니 참고하기 바란다.

고 한 것을 보면 판결문 작성에 있어서 우리나라 첩보 제사(題詞) 등은 너무도 비속하므로 보다 더 전아한 문장으로 고쳐나가도록 그의 본보기를 보여준 글들이라고 할 수 있다.

다음은 「의율차례(擬律差例)」인데 그의 소서에서 이르기를,

살인한 자는 죽인다. 법은 그만 하면 족할 것이다. 그러나 대명율례(大明律例)에 의하면 죽임도 다섯 등급이 있는데 능지(凌遲), 참결(斬決), 참후(斬候), 교결(絞決), 교후(絞候)다. 살리는 것도 다섯 등급이 있는데 충군(充軍), 장류(杖流), 장도(杖徒), 장책(杖責), 징은(徵銀)이다. 그러므로 독무(督撫)가 제주(題奏)하고 형부가 복의(覆議)하여 그 진술과 법률 적용에 대해 세밀히 나누어 검토하는 것은 잘못이 있을까 염려하는 것이다. 그러나 우리나라 법에서는 그 죽임에는 오직 때려죽이는 법이 있고 그 살리는 것에도 오직 귀양 보내는 한 법이 있을 따름이니 소략(疏略)하기 이를 데 없다. 또 무릇 의옥(議獄)에도 총 여섯 종이 있으니 모살(謀

殺), 고살(故殺), 투살(鬪殺), 희살(戲殺), 오살(誤殺), 과살(過殺)이다. 이를 집약하여 묶어보면 세 등급이라고 할 수 있으니 상급은 고살(故殺)이요 하급은 오살(誤殺)로 하고 상급이 될 수도 있고 하급이 될 수도 있어서 결정하기 어려운 것이 투살(鬪殺)이다. 요즈음 『청율조례(淸律條例)』에 부록(附錄)된 많은 독무의 제주(題奏)와 형부의 복의(覆議)에서 공허한 것을 분명히 가려내고 자세한 것만을 추려내어 수록해서 해당 법조문을 선택하는 데 참고로 삼게 했으니, 조사하고 판결하는 자는 혹 취할 만한 것이 있다. 그러나 중국은 오로지 법률을 숭상하므로 간음과 부모나 임금을 죽이는 변고는 우리나라보다도 열 배가 더한데 우리나라 치옥(治獄)은 극히 소루(疏漏)한 데다 부드럽고 삼가는 풍속 때문에 대체로 흉악하고 사나운 자가 드물고 그들이 죄를 짓는다 하더라도 주먹으로 치거나 발길로 차는 상해에 지나지 않는다. 그러므로 풍속을 순(順)하게 하고 옛것에 따르더라도 또한 백성의 죄악을 금하기에 족할 것이니 굳이 다섯 등급의 죽임으로 세상을 다스리는 좋은 법률로 삼을 것까지야 없지 않나 싶다. 후에 나라의 형정을 장악하더라도 이에 종사하지 않는 것이 좋을 것이다.

라고 한 것을 보면 죄란 정상에 따라 벌이 세분되어야 하지만 굳이 외국의 예-대명률-를 따름으로써 우리나라 실정을 외면해서는 안 된다고 부언하고 있음이 주목된다.

2. 상형추의 외 2편

이는 정종대왕의 판결례를 간행한 어판 100권에 대하여 추의(追議)를 붙인 것으로서 그 경위를 다음과 같이 말하고 있다.

정종대왕 왕위에 있은 지 25년에 흠휼(欽恤)의 어진 정치는 모든 임금을 뛰어넘어 섰고, 자세하고 깊이 마음 쓰셨으니 살리거나 죽임에 원한이 없었다. 사관(史官)은 앞뒤의 형사사건에 대한 임금의 결정을 참작하여『상형고(祥刑考)』100권을 만들었는데 일찍이 관각(館閣)에서 (한림으로 있을 때) 이를 견주어서 살펴본 바 있다. 귀양살이 이후로 다시 볼 기회가 없던 차 근자에 어떤 사람이『상형고』중에서 공안(公案) 몇 백 건을 뽑아서 가지고 왔기에 보아한즉 임금의 판부[御判]에 실리지 않은 것도 있었다. 시골에서 살펴본즉 옛 감회가 새로웠다. 앞으로 형사사건을 살피는 사람으로서 의심나는 안건에 부딪히면 마땅히 이 안을 가지고 마치 성경(聖經)처럼 뽑아내어 원용(援用)함 즉한지라 드디어 이들을 분류하여 뒤에 나의 견해[妄論]를 붙이고 상형추의(祥刑追議)라 이름하고 후세 사람을 기다리노라.

하였다.

144항에 걸친 그의 내용을 분류하면 다음과 같다.

수종지별(首從之別) 21, 자타지분(自他之分) 13, 상병지변(傷病之辨) 13, 고오지벽(故誤之劈) 7, 풍광지유(瘋狂之宥) 2, 도뢰지무(圖賴之誣) 4, 별인지위(別人之諉) 6, 이물지탁(異物之託) 2, 호강지학(豪强之虐) 6, 위핍지액(威逼之阨) 3, 복설지원(復雪之原) 5, 정리지서(情理之恕) 8, 의기지사(義氣之赦) 2, 공사지판(公私之判) 4, 이륜지잔(彛倫之殘) 6, 항려지상(伉儷之戕) 12, 노주지제(奴主之際) 3, 도적지어(盜賊之禦) 3, 포태지상(胞胎之傷) 5, 효려지시(殽臚之屍) 2, 경구지검(經久之檢) 5, 희이지안(稀異之案) 2

이에 준하여 다산은 서읍(西邑), 곧 곡산부사로 있을 적에 기결의 원옥(寃獄)을 다시 사리한 바 있는데 그로써 형조참의가 되어 경외(京外)의 옥사를 다루게 되었다. 다산은 이때 옛일을 생각하면서 그

중 약간을 추려서 한 편 책을 만드니 그것이 다름 아닌 『전발무사(剪跋蕪詞)』 3권이다. 내용인즉 수종지별(首從之別) 2, 도적지어(盜賊之禦) 1, 복설지원(復雪之原) 2, 별인지위(別人之諉) 1, 고오지벽(故誤之劈) 1, 이륜지잔(彝倫之殘) 1, 도뢰지무(圖賴之誣) 1, 포태지상(胞胎之傷) 1, 위핍지액(威逼之阨) 1, 자타지분(自他之分) 2, 노주지제(奴主之際) 1, 희이지안(稀異之案) 1, 상병지변(傷病之辨) 1로 되어 있다.

이상에서 밝혀진 바와 같이 『흠흠신서』는 오로지 원죄를 없애도록 신형(愼刑)·명형(明刑)을 그의 근본정신으로 삼았고 그것은 오로지 옛 경사(經史)나 판결례에 의하여 시행되어 추호도 사정이 끼거나 국문에 의한 처벌은 지양해야 함을 역설한 것인데, 이는 인권보장을 위하는 현대사조와도 접근할 수 있는 일면이라 하지 않을 수 없다. 그것은 바로 "법률의 조문 없이는 처벌하지 못한다."는 현대적 명제와도 일맥상통하는 다산의 준법정신이라고 해야 할 것이다.

제 5 장

다산학의 본질

지금까지 다산학 입문의 길을 다산 자신이 인도해 주는 대로 육경사서와 일표이서를 통하여 더듬어 보았다. 이러한 방법은 다산학의 각론적 이해라고나 할까. 다시 말하면 육경사서와 일표이서를 구성하고 있는 하나하나의 저술들을 차례차례 살펴보는 방법으로서 부피로 치더라도 대략 350권 가까이 되는 글을 200자 원고지 400·500매 속에다 담고 풀이하기란 그리 쉬운 일이 아니었음은 다시 말할 나위도 없다. 이제 붓은 조각조각 흩어진 육경사서와 일표이서일 따름이요 다산학 전체 속에서 흐르고 있는 다산학의 맥락은 어디에서고 찾아볼 길이 없다. 그러므로 이제 여기서 다산학의 본질이 무엇인가를 살펴봄으로써 다산학의 전모를 들추어 보려고 하는 것이다.

제1절 수기치인의 인간학

　이 글의 서론 부문에서 다산은 후기 실학의 집대성자라 하면서 그의 집대성의 내용을 경세치용·이용후생·실사구시 등의 집대성으로 이해하기도 하였다. 그러나 이들은 일반적인 조선조 후기 실학의 특징이 될지는 모르지만 다산학의 심층구조적 본질이 될 수는 없다. 도리어 그러한 단어들은 비록 다산학이 지닌바 몇 가지 특징으로 열거될 수는 있다손 치더라도 그것만으로는 오히려 다산학의 본질적 이해를 가로막는 연막이 될 가능성을 배제할 수는 없다. 왜냐하면 그러한 표현들은 조선조 후기 실학의 역사적 현상으로 평가를 받을지언정 다산학의 철학적 본질일 수는 없겠기 때문이다.

　그렇다면 다산학이 뿌리를 내리고 있는 본질적 근원은 어디서 찾아야 할 것인가. 이 점에 대하여 우리는 하나의 구심적 초점을 가지고 있다. 그것은 다름 아닌 다산 자신이 기회 있을 때마다 자주 사용한 바 있는 '수사학'이라는 단어인 것이다.

　다산은 수사학이라는 단어를 사용할 때 곧잘 '수사지구(洙泗之舊)'

니 '수사지진원(洙泗之眞源)'이라는 표현을 썼다. 이를 우리말로 옮기면 '수사학의 옛 모습' 또는 '수사학의 진정한 근원'으로 번역되어야 할 것 같다. 그렇다면 수사학의 옛 모습 또는 수사학의 진정한 근원은 무엇을 가리킨 것일까. 다산은 그의 「오학론」의 끝맺음에서 한결같이,

> 마침내 손을 이끌고 요·순·주공·공자의 문에 함께 돌아갈 수 없는 것은 ○○○이다.

라 한 것을 보면 여기서 ○○○이란 물론 오학(五學)이지만 수사학의 옛 모습이란 다름 아닌 요·순·주공·공자의 도요, 수사학의 진정한 근원이란 다름 아닌 요·순·주공·공자의 학임은 다시 말할 나위도 없다.

다산이 애타게 갈구했던 요·순·주공·공자의 도를 요약하면 공자학이라 이를 수 있으며 그것을 또 우리는 원시유교라 이를 수도 있다. 어쨌든 이들을 묶어서 수사학이라 이르는 것이다. 그렇다면 수사학으로서의 공자학의 내용은 어떠하며 왜 다산은 수사학을 바라보며 손을 잡고 함께 돌아가기를 목을 놓아 외쳤을까.

다산이 수사학으로서의 공자학의 본질을 "공자의 도는 수기치인일 뿐이다[孔子之道 修己治人而已矣]"(「반산 정수칠에게 주는 말[爲盤山丁修七贈言]」)라 한 것으로서 충분히 설명이 된다. 다시 말하면 공자학의 본질은 수기치인이라는 뜻으로 이해될 뿐 아니라 수사학적 공자학에로의 회귀를 갈구한 다산학의 본질도 수기치인에서 찾아야 함을 의미하기도 한다. 수기치인지학(修己治人之學)으로서의 수사학

의 구조적 성격에 관하여는 차차 이야기하겠거니와 다산이 수사진원으로 회귀하려고 한 이유를 우리는 그의 오학론의 서술에서 찾지 않을 수 없다. 그는 성리·훈고·문장·과거·술수 등 오학이야말로 태양처럼 뚜렷이 빛나는 공자학의 본연의 모습을 가리고 있는 베일[부장(蔀障)]이라고 이르고 있다. 이 오학은 선진시대 이래 한·당·송·명을 거치는 사이에 이루어진 학문으로서 그것들은 원시유교로서의 공자학의 순수성에서 오히려 멀리 유리되었기 때문에 그것들은 한결같이 수기치인의 참모습을 흐려 놓고 말았다고 다산은 주장한다.

첫째, 성리학은 실천윤리로서 수기치인의 인간학이라기보다는 천리에 근원한 관념철학이라고 이를 수밖에 없다. 이 점에 다산은 다음과 같이 서술하고 있다.

> 요즈음 성리학자들은 리·기·성·정·체·용을 말하고 본연기질(本然氣質)·이발기발(理發氣發)·이발미발(已發未發)·단지겸지(單指兼指)·이동기이(理同氣異)·기동이이(氣同理異)·심선무악(心善無惡)하다 하여 세 줄기로 찢어지고 다섯 가지로 나누어졌는가 하면 천만 가지 잎사귀를 털 가리듯 분간하고 실같이 쪼개 놓고 서로 꾸짖으며 성낸 목소리로 자기만이 천하의 고묘한 이치를 깨달은 양한다.

고 한 것은 지나치게 그의 약점만을 들추지 않았나 싶기도 하지만 사실상 성리학이 지닌 관념 유희적 경향을 부인할 수 없다. 그렇다면 수기치인의 수사학과 얼마나 멀리 떨어져 있는가는 스스로 헤아리기에 그리 어렵지 않을 것이다.

둘째는 훈고학으로서, 이는 경전의 자구를 해석하여 그의 본뜻을 알아내자는 것인데 한나라 때의 훈고와 송나라 때의 집주가 있다.

그러나 대체로 이들은 궁실(宮室)과 충어(蟲魚)에 대한 훈고에 치우침으로써 효제의 실천이나 예악형정의 시행에 임해서는 까마득하다. 오로지 널리 배우고 많이 기억하는 것과 시문을 잘 짓고 변론 잘 하는 것만 일삼기 때문에 선왕 선성의 격언과 지훈(至訓)은 인멸(湮滅)되어 드러나지 못하게 됨으로써 수사학적 수기치인의 인간학은 시들어질 따름이었다.

셋째, 문장학은 한에서 당송으로 내려오면서 도의 정리를 이해하지 못하고 자못 영가(詠歌)·도무(蹈舞)·침음(浸淫)·열락(悅樂)에 치우침으로써 자신과 나라와 백성은 까맣게 잊어버리니 그러한 문장은 자성(自性)을 해칠 따름이다. 수사학적 공자학을 위해서는 아무런 도움도 주지 못하는 것이 되어버린 것이다.

넷째, 과거학이니, 한번 과거학에 빠지면 예악은 과외의 것이 되고 형정은 자질구레한 일이 되어서 목민관의 제수를 받더라도 사무에는 흐리멍덩하여 오직 아전들의 지시를 따를 따름이다. 내직으로 들어가서 재부와 옥송에 관한 일을 맡으면 자리만 지키면서 녹을 먹으며 오직 옛날 규칙과 준례만을 묻고 외방에 나가서 갑병(甲兵)과 방어(防禦)의 권한을 쥐게 되면 군려(軍旅)에 관하여는 아직 배운 바가 없다 이르고 무사를 추천하여 앞자리에 세워 놓으니 도대체 이런 위인을 어디에 쓸 것인가라고 하여 소위 과거에 뽑힌 인물은 아무데도 쓸모가 없는 비실용적 인간임을 통박하고 있다. 왜냐하면 그들의 과거급제 과정이 그들로 하여금 비실용적 인간으로 만들어 놓았기 때문이다.

다섯째는 술수학인데 이를 다산은 한 마디로 말해서,

학문이 아니라 미혹되게 하는 것이다[非學也惑也].

라 하였으니 더 할 말이 없다. 한대 이후 참위사설로서 지금에 이르기까지 혹세무민의 원천이 바로 다름 아닌 술수학인지라 이는 더더구나 수사학적 수기치인지학과는 너무도 거리가 먼 것이 아닐 수 없다.

수사학적(洙泗學的) 인간상

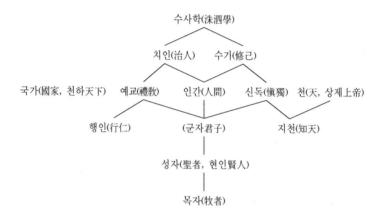

그러므로 다산은 그의 「오학론」의 마지막에서,

오학이 창성하자 주공 공자의 도는 가시덤불 속에 묻혀버렸으니, 장차 누가 그것을 통일하겠는가[五學昌 而周公仲尼之道 榛榛然以莽 將誰能一之].

라 하였으니 오학이 창성하자 주공 공자의 도, 곧 수사학적 공자학은 가시덤불 속에 묻혀버리게 되었음을 말하고 있다.

그러므로 다산은 오학이라는 가시덤불을 걷어치우고 수사학 본연의 옛 모습을 드러내도록 육경사서를 주석하고 일표이서를 저술한 것이다. 그러한 노력의 결과가 바로 다산학이라 해도 무리는 아닐 것이다. 이에 다산의 수사학적 수기치인의 인간상을 표로 만들면 앞의 표와 같다.

제2절 묘합의 원리

다산은 그의 『목민심서』 서문 중에서,

군자의 도는 수신이 반이요 그 다른 반은 목민이다.

라 하였다. 이 짤막한 글을 읽노라면 몇 가지 중요한 문제에 부딪힌다. 그것은 다름 아니라 수신은 곧 수기요 목민은 곧 치인이라 할진대 군자지도는 곧 수기치인일 따름이라는 것을 확인한 것이다. 다음은 수기치인은 둘이 아니라 '하나'를 갈라놓은 두 개의 반이라는 사실이다. 그러므로 수기치인은 각기 독립된 두 개가 아니라 언제나 '하나'로써 존재하는 '둘'이라는 것을 의미한다. 이러한 개념을 숫자로 표현할 때는 흔히 이이일(二而一) 또는 일이이(一而二)라 하지만 글로써 말할 때는 묘합의 원리라 이를 수밖에 없다.

이러한 다산의 사유양식은 다른 데에서도 많이 나타나고 있음을 볼 수 있다. 다산의 『심경밀험』「심성총의(心性總義)」 첫머리에서 그는 말하기를,

신형이 묘합하여 이에 인간이 이룩된다. 그러므로 고경에 있어
서는 통틀어 이름하기를 '신(身)'이라 이르기도 하고 '기(己)'라
이르기도 한다.

한 것을 보면 '신(身)'이다 또는 '기(己)'다라고 하는 한 개의 글자
는 신형(身形), 곧 정신과 형체가 묘합한 것을 가리킨 것으로 이해하
고 있음이 분명하다. 이는 곧 정신과 형체는 불가분리(不可分離)하는
일자(一者), 곧 신(身) 또는 기(己)로 존재하고 있음을 의미한다. 이도
또한 반으로서의 정신과 반으로서의 형체가 일자로 존재한 것이니
이도 또한 이이일(二而一)이요 일이이(一而二)가 아니겠는가. 이는 물
심을 이원론적으로 생각하여 유물(唯物) 유심(唯心)으로 분화시켜 놓
는 사유양식과는 크게 다르다. 다산의 이러한 양자(兩者) 묘합의 사
유형식은 『대학공의』에서도 그대로 나타난다.

신(身)·심(心)은 묘합하였으니 나누어 말해서는 불가하다.

신·심은 분명히 두 개의 개념으로 쓰였지만 신·심 둘은 하나로
묘합하였다. 이는 신형의 묘합이나 조금도 다르지 않다. 이러한 다
산의 이이일(二而一)적 묘합의 사유양식은 그의 태극양의설에서 더욱
분명히 부각된다. 다산은 태극의 '극'을 다음과 같이 이해한다.

극(極)이란 옥극(屋極)의 의미를 갖는다. 옥극(屋極)이란 옥척(屋
脊)이다. 일동(一棟)이 척(脊)이 되면 상통(象桶)이 분출한다.

고 하였으니 극이란 분출자의 취합처다. 그러므로 태극은 음양양의

의 취합[묘합]처가 아닐 수 없다. 아니나 다를까, 다산은 다음과 같이 설명한다.

> 태극(太極)이란 태일지형(太一之形)이요 양의(兩儀)란 양합지의(兩合之儀)다.

이는 다름 아닌 태일지형은 음양양의가 하나로 취합되어 나타난 이이일(二而一)의 형상이요 양합지의(兩合之儀)란 태일지형에서 분출한 음양양의의 일이이(一而二)적 의상인 것이다. 그러므로 태극의 태일지형은 이이일(二而一)적이요 양의의 양합지의는 일이이(一而二)적이니 묘합의 극치가 아닐 수 없다.

이 같은 묘합의 양식은 그의 성명론에서도 잘 현현된다. 그는 『중용자잠』 서두에서,

> 도심이 경고(儆告)하는 것은 곧 황천이 명계(命戒)하는 것이다.

라 하였으니, 이는 도심이 곧 천명이라고 볼 수도 있지만 도심과 천명은 엄연히 두 개의 다른 것이라 한다면 이는 천명기재도심(天命寄在道心)함으로써 이이일(二而一)적 묘합의 존재양식으로 설명할 수도 있으리라고 여겨진다. 또 다음과 같은 구에서는 성명이 일여임을 여실히 깨달을 수가 있다.

> 솔성(率性)이란 순천명(順天命)하는 것이다.

다시 말하면 성을 따르는 것은 곧 천명을 따르는 것이라 하였으니

성이 바로 천명이 아닌가. 다시 말하면 성명은 두 개의 다른 것이지만 그것은 이이일(二而一)적으로 동일자인 것이다.

이는 묘합의 극치인 양자일여(兩者一如)의 경지로서 이해할 수밖에 없다. 이렇듯 다산의 이이일(二而一)적 사유양식은 모름지기 형태학적 상징으로 파악하여야 하지만 또 한편 이는 역의 정중사상(正中思想) 또는 중용사상과도 일맥상통하는 점이 없지 않음을 느끼게 한다. 그러나 여기서 우리는 그들과의 사이에서 근본적인 차이가 있음을 발견할 수가 있다. 그것은 다름 아니라 중국적인 중(中)의 사상은 물리적 균형에 의한 중이지만 다산에게서 보여주는 이이일(二而一)적 태일은 화학적 묘합이라 이를 수는 없는 것일까. 이러한 표현이 양자를 비교함에 있어서 적절한 표현인지 아닌지는 나중에 따질 문제로 치고라도 여기에서 한 마디 더 덧붙이자면 중국적 사유양식에서는 끝내 이원적 평행선의 묘합은 이루어지지 못하지만 다산이 이른바 묘합에서는 물에 있어서의 수소와 산소처럼 하나[물] 속에서 완전히 화합(묘합)되어 있음을 볼 수 있는 것이다.

여기에서는 이 문제를 놓고 장황하게 따질 겨를이 없거니와 어쨌든 다산이 스스로 자기의 학문적 토대를 이러한 묘합의 원리의 이해로부터 비롯했다는 사실은 중국적인 중(中)의 사상에서도 한 걸음 더 나아가 한국적 사유양식에 접근한 결과가 되었음을 우리는 여기서 말하지 않을 수 없다. 이 문제에 대하여는 다음 장에서 좀 더 자세히 다루어 보기로 하겠다.

제3절 감성적 활성론

다산은 그의 학의 학문적 전개과정에 있어서 겉으로는 주자를 존숭하는 대목이 없지 않지만 본질적인 내용에 있어서는 일보도 주자에게 양보하지 않고 있음은 이미 육경사서의 내용을 살펴보는 과정에서 보아온 바와 같다.

때로는 주자의 세계에서 벗어나려고 하는 몸부림을 볼 수도 있지만 때로는 정면에서 반주자학적 깃발을 높이 들기도 했음을 우리는 충분히 인식할 수가 있다. 그런 중에서도 가장 뚜렷한 양자의 양극적인 입장은 주자학은 주정설(主靜說)적인 데 반하여 다산학은 주동설(主動說)적이라는 점이다. 그렇게 되지 않을 수 없는 이유를 우리는 몇 가지 여기서 추려 보지 않을 수 없다.

첫째, 인성론에서 이 양자의 차이는 두드러지게 벌어진다. 주자가 그의 성리학의 주축으로 삼고 있는 금과옥조로 여겼던 천리에 대하여 다산은 그의 『중용자잠』에서,

> 이제 명(命)·성(性)·도(道)·교(敎)를 모조리 한 리(理)로 돌아가
> 게 한다면 리는 본래 무지하고 또한 위능(威能)도 없는데 어찌
> 이를 계신하며 어찌 이를 공구할 수가 있겠는가.

라 하여 리(理)란 무지 무능한 것으로 간주하였다. 이렇듯 무지 무능한 천리가 어떻게 능동적으로 호선오악(好善惡惡)하여야 할 인성의 본질이 될 수 있겠는가. 여기에 다산의 천리에 대한 회의가 깃들여 있는 것이다. 이로써 우리는 다산의 성기호설의 배경이 무엇인가를 짐작할 수가 있다. 그러므로 인성은 무지 무능한 천리로서의 성이 아니라 감성 그 자체가 바로 생동적인 기호로서의 성임을 다산은 내세웠던 것이다.

둘째, 희로애락의 미발 이발설에 있어서도 주자와 다산과의 사이에는 천리의 도랑이 가로놓여 있다. 다산은 주자의 '미발지중(未發之中) 이발지화(已發之和)'설에 대하여 "그것은 일반 중인이 가능한 경지가 아니다"라 하면서 다음과 같이 반박한다.

> 미발이란 본래 희로애락의 미발일 따름인데 어찌 고목(枯木) 사
> 회(死灰)처럼 사려 없이 마치 선가(禪家)의 입정(入定)처럼 되어
> 있는 상태를 가리킨 것일까. 비록 희로애락 미발시라 하더라도
> 계신할 수도 있고 공구할 수도 있으며 궁리할 수도 있고 상의
> (思義)할 수도 있으며 천하의 사변을 상량할 수도 있을 것인데
> 어찌하여 미발 시에는 공부가 없다고 할 수가 있겠는가. 중이란
> 성인의 지극한 공부인데 공부 없이 극공의 경지에 도달할 수 있
> 다고 한다면 그런 이치도 있겠는가. 성인은 신독 치심(治心)하여
> 충분한 경지에 도달하고서도 때마침 사물에 부딪히지 않아 이
> 를 발용할 기회를 얻지 못했다 하더라도 이를 일러 미발지중(未
> 發之中)이라 이르는 것이다.

라 하여 다산의 미발지중은 역시 적연부동 명경지수와 같은 선정적 중(中)이 아니라 신독치심의 결과로서 얻어진 활성적인 中인 것이다. 따라서 다산은 정주가 한결같이 "성인의 마음은 명경지수와 같다[聖人之心如明鏡止水]"[정자(程子)], "성인의 마음은, 아직 발하지 않았을 때는 수경의 본체가 되고, 이미 발하면 수경의 작용이 된다[聖人之心 未發則爲水鏡之體 旣發則爲水鏡之用]"[주자(朱子)]라 한 것을 다음과 같이 반박한다.

> 명경지수의 설은 불가에서 심체는 허명정적(虛明靜寂)한 것이 마치 수경(水鏡)과도 같다고 한 데서 생긴 것이다. 그러나 이는 모름지기 무사(無思) 무려(無慮)하고 불계(不戒) 불구(不懼)하여 털끝만큼도 움직이지 않아야만 이러한 경지를 얻게 될 것인데 성인은 그와는 달리 미발 시에 이미 계신(戒愼) 공구(恐懼)하고 여사(慮事) 궁리(窮理)하되 종일토록 먹지도 않고 밤새도록 자지도 않고 사려에 잠겨 있는 공자 같은 분을 어찌 명경지수에다가 비길 수 있겠는가(『중용자잠』).

라 하여 주정설적 명경지수설을 반박하면서 스스로의 입장을 공자에게 빙자하여 동적인 심지사려(心之思慮)와 계신공구의 활성적 경지를 뚜렷하게 주장하고 있다. 적어도 살아 있는 인간은 생리적으로도 쉬지 않고 호흡하고 있을 뿐만이 아니라 윤리적으로도 호선오악(好善惡惡)을 위하여 내자송(內自訟)을 거듭하고 있는 것이다. 여기에 다산의 감성적 입장이 분명히 뿌리박고 있음을 볼 수가 있다.

제 6 장

다산학의 역사적 맥락

이제 우리는 다산학을 알기 위하여 눈을 안에서 밖으로 돌릴 차례에 이른 것 같다. 그것은 곧 역사적 맥락 속에서 다산학이 차지하고 있는 위치를 알아내는 일이다. 이를 위하여 우리는 적어도 유학사·실학사, 그리고 사상사의 세 갈래의 측면에서 이를 살펴보는 것이 좋을 것이다.

제1절 유학사적 측면

다산학과 유학과의 관계는 다산경학의 입장에서 볼 때 뗄 수 없는 관계로 되어 있다. 그러나 다산학이 전통 유학사의 맥락 속에서는 어떻게 이해되어야 할 것인가는 자못 미묘한 문제점을 안고 있다. 왜냐하면 다산은 이미 여러 가지 측면에서 전통유학의 테두리를 벗어나 있기 때문이다.

전통유학은 크게 지치주의적(至治主義的) 실천유학과 이기론적(理氣論的) 성리학으로 나눌 수가 있고 거기에 부수적으로는 예학파 또는 양명학파 등을 문제 삼을 수도 있을 것이다. 먼저 행동주의적 성격을 따지기로 한다면 지치주의적 유학정신이 어쩌면 수사학에 접근할 수 있는 가능성을 지니고 있는지도 모른다. 현상윤은 그의『조선유학사』'지치주의 유학'장에서,

> 이 학파의 주장과 특색은 문장이나 이론에도 있지 아니하고 공맹의 사상과 도를 정치나 경제나 교화에 실제로 실현시킴에 있었다. 일언으로 말하면 군민을 요순시대 군민으로 만드는 일이

다. 이것을 말로 주장하거나 글로 쓰는 것을 힘쓰는 것으로 만족하지 아니하고 몸으로 정치로 제도로 실천하고 실행하여 직접 요순삼대의 일월을 눈앞에 출현하게 하는 것을 기하는 것이 그들의 목표였다. 그러므로 이 학파는 실천유학이라고도 부를 수 있는 것이다.

라고 하였는데, 이를 요약하면 분명히 실천 실용적인 경세실학의 특징을 지닌 유학의 일파라 부를 수 있을지 모른다. 그러나 아쉬운 것은 이들에게는 지치주의적 정열만이 있을 따름이요 경학적 업적은 전무한 것이다. 지치주의의 마지막 기수였던 정암 조광조(1482~1519)에게서뿐만이 아니라 그의 묘맥으로 간주되는 점필재 김종직(1431~1492), 한훤당 김굉필(1454~1504), 일두 정여창(1450~1504) 등에 있어서도 그들의 도학자로서의 명성에 비례하여 그들의 경학적 업적은 지나치게 요요(寥寥)한 것이다.

그러나 다산에 있어서는 사정이 다르다. 그는 『목민심서』 서의 끝에서,

역(易)에서 이르기를 고인의 좋은 말과 그들이 실천한 행동을 많이 앎으로써 자기의 덕을 쌓는다고 하였는데, 이 저술도 본래는 내 덕을 쌓자는 데에 있었다. 꼭 내 자신이 목민해야만 하는 것이겠는가. 그런데 왜 심서라 했는가. 목민하고픈 마음은 있지만 자신이 몸소 행할 수 없기 때문에 이렇게 이름을 붙인 것이다.

라고 하였는데, 이는 지치주의적 실천의욕에 못지않게 저술을 남기는 축덕의지(畜德意志)도 강렬하게 풍기도 있음을 볼 수가 있다. 그러기에 다산에게는 일표이서의 경세학과 육경사서의 경학이 남아 있는 것이다. 그러므로 그는 비록 그의 학문적 성격이 지치주의적 실

천유학에 가깝다 하더라도 유학사적인 맥락을 거기에 묶어 놓기에는 너무도 폭넓은 업적을 남겨 놓고 있다고 해야 할 것이다.

다음은 성리학적 입장에서 다산학을 살펴보기로 한다면 그가 비록 성리학에 대하여는 전면적으로 비판적인 태도를 취했다 하더라도 그가 결코 인성론이라는 대국적 전통유학을 전적으로 외면한 것은 아니라는 점에서 그도 또한 성리학 안에서 문제를 안고 있다고 보아야 할지 모른다.

적어도 전통적인 조선조 성리학은 크게 두 갈래로 나누어 볼 수 있다. 그것은 다름 아닌 퇴계 이황(1501~1570)을 봉우리로 하는 주리파로서의 영남학파와 율곡 이이(1536~1584)를 봉우리로 하는 주기파로서의 기호학파를 들 수가 있다. 그렇다면 다산은 그 어느 쪽에 접근할 수 있는 가능성을 지니고 있는 것인가를 알아보는 것도 한낱 부질없는 것만은 아닐지 모른다.

다산은 퇴계와 율곡의 이기론을 그의 「이발기발변(理發氣發辨)」 1에서 다음과 같이 비판하고 있다.

> 퇴계는 "사단은 이발이기수지(理發而氣隨之)하고 칠정은 기발이이승지(氣發而理乘之)한다."고 하였으며 율곡은 "사단칠정이 모두 기발이이승지(氣發而理乘之)한다."고 하였는데 그 후 학자들은 각각 자기가 들은 것만을 존중하여 취송(聚訟)이 시끄럽고 연초(燕楚)의 길이 아득하게 멀기만 하니 그들이 귀일할 길은 아득할 따름이다. 나는 일찍이 이 두 선생의 책을 구하여 읽어봄으로써 그들의 견해가 갈려난 꼬투리를 풀어볼까 했다. 두 선생의 말 중에서 리(理)니 기(氣)니 하는 그 글자는 비록 같지만 가리키는 점은 다르다는 것을 발견하였다. 한 사람은 외곬으로 전일하게 생각하고 한 사람은 통틀어서 총체적으로 생각한 데서 차이가 난 것이다. 그러므로 퇴계는 자기대로 한 리기를 논했고 율

곡은 자기대로 한 리기를 논한 셈이니 율곡이 퇴계의 리기를 취해 가지고 이를 어지럽혀 놓은 것은 아니다. 퇴계는 오로지 인심(人心) 상에서 팔자(八字)를 타개하였으니 그가 리라 한 것은 그것이 본연지성이요, 도심이요, 천리지공(天理之公)인데 그가 기라 한 것은 기질지성이요, 인심이요, 인욕지사(人欲之私)다. 그러므로 사단 칠정이 발하면 거기에는 공사의 분이 있게 마련이다. 사단은 리가 되고 칠정은 기가 되는 것이다. 그러나 율곡은 태극 이래 리기를 총집(總執)하고서 이를 공적으로만 논하였으니 무릇 천하지물은 미발 전에 비록 먼저 리가 있었다 하더라도 바야흐로 그가 발할 때는 기가 리보다도 먼저 발한다 일렀으니 비록 사단 칠정이라 하더라도 오직 공례로써 이를 예시하였다. 그러므로 "사단 칠정이 다 기발(氣發)한다"고 한 것이니 그가 리라고 한 것은 형이상이요, 물의 본칙이요 그가 기라고 이른 것은 형이하요, 물의 형질이다. 그러므로 절절히 심성정으로써 이를 말한 것이 아니다. 퇴계의 말은 비교적 정밀하고 상세하지만 율곡의 말은 활달하고 간결하다. 그러나 그들이 주장하는 의미나 가리키는 대목은 각각 다르니 두 선생이 어찌 하나라도 그릇됨이 있겠는가. 일찍이 하나도 잘못이 없는데 억지로 그 어느 쪽을 그르다 하고 나만이 옳다고 한다면 이는 시끄러운 싸움이 잦아질 길이 없는 것이다. 요컨대 전(專)과 총(總)이 다르다고 해 둘밖에 없다.

이 글은 조선조 유학의 가장 핵심적인 퇴계 율곡의 성리학을 비판한 중요한 문헌이기에 이를 전역하였거니와 다산은 그 어느 쪽에도 치우치지 않은 입장을 취하고 있음이 눈에 뜨인다. 그러나 그것은 그렇다 하더라도 다산은 과연 그 어느 쪽에 가까워질 소지를 안고 있는 것일까 하는 점이 또한 궁금하지 않을 수 없다.

결론을 내리기 전에 우리는 율곡의 다음과 같은 글을 읽어보기로 하자.

대체로 리(理)란 기(氣)를 주재하고 기란 리가 타는 것이다. 리가
아니면 기는 그가 근저(根底)할 바가 없고 기가 아니면 리는 의
착할 바가 없다. 이미 이물(二物)이 아닌데 또는 일물(一物)인 것
도 아니다. 그러므로 이이일(一而二)인 것이요 이물(二物)인 것도
아니다. 그러므로 이이일(二而一)인 것이다『율곡전서』).

이 글을 읽을 때 생각나는 것은 다산에 있어서의 묘합의 원리인
것이다. 다산에 있어서의 묘합의 원리는 이이일(二而一)이요, 일이이
(一而二)의 원리라는 것은 이미 지적한 바 있듯이 그러한 사유양식은
율곡에 있어서는 이기를 놓고 이를 전개했을 따름이다. 그러므로 율
곡은 그러한 사유양식으로 다음과 같은 말을 남겨 놓고 있다.

인심 도심은 비록 그 이름은 둘이지만 그의 근원은 오직 그것이
일심일 따름이다. 그것이[일심] 발할 때 혹 이의(理義)가 되고
혹 식색(食色)이 되는 까닭에 그 발하는 것에 따라서 그 이름이
달라지는 것이다.

라 하면서 퇴계의 이원론적 이기호발설을 비판하고 있다. 율곡과 다
산과의 250년 시차는 이이일(二而一)적 묘합의 원리에 의하여 간격
이 좁혀지고 있다.
다음으로 다산의 기론을 살펴보면 소위 송유들의 이기론적 기와
는 전혀 다른 것으로써 어쩌면 생리적인 기라고 해야 할지 모른다.
다산은 그의 『맹자요의』에서,

원래 우리 인간이 나서 길러지고 움직이고 깨닫는 것은 오직 혈
(血)·기(氣) 이물(二物)이 있기 때문이다. 그 형질을 논하자면 형
(形)은 거칠지만 질(質)은 정미하고 형(形)은 무디나 기(氣)는 예

리한[銳] 것이니 무릇 희로애락이 발하면 모두 마음일 발하여
지(志)가 되고, 지(志)는 이내 기(氣)를 부리고 기는 이내 혈(血)을
부리는 것이라, 이에 안색에 나타나면서 사체(四體)에 퍼질 것이니
지(志)는 기(氣)의 장수요 기(氣)는 혈(血)을 거느리는 것이다.……기
는 혈액(血液)을 구가(驅駕)하니 그의 권력이 지(志)에 다음 간다.
그러므로 맹자는 자주(自注)하여 말하기를 "기는 체내에 충만하
다"고 하였으니 대체 체내에 충만한 것은 다름 아니라 기인 것
이니 이 기가 인체 중에 있는 것은 유기(游氣)가 천지 중에 있는
것과 같다. 그러므로 인체 속에 있는 것도 '기'라 하고 천지 중
에 있는 것도 또한 '기'라 하는 것이니 총체적으로 이기(理氣)의
기와는 같지 않다.

고 이를 풀이했다. 다산은 맹자의 기에 빙자하여 논한 글이기는 하
지만 다산 자신도 이 이상의 기를 인정하지 않고 있는 것이다. 율곡
이 말하기를,

대체로 발하는 것은 기이고 발하는 까닭은 리이다[大抵 發之者
氣也 所以發者 理也].

라 하였는데, 발지자(發之者)로서의 기는 구혈자(驅血者)로서 기의 기
능과 다르지 않다고 볼 수는 없을까. 그러므로 양자가 다 능동적 기
능을 기로써 파악했다는 점에서 그 궤를 같이하는 것으로서 이해되
어야 할 것이다. 리는 무지 무능하므로 발의 기능을 인정하지 않는
점에 있어서도 피차의 견해가 서로 접근하고 있다. 이제 여기서 한
걸음 더 나아가 율곡의 심시기설(心是氣說)을 보면,

마음은 기로서 혹은 성명의 바름에 근원하기도 하고 혹은 형기
의 사사로움에서 생겨나기도 하지만 마음의 발동 아닌 것이 없

으니, 어찌 기발이 아니겠는가?[心是氣也 或原或生 而無非心之發
則豈非氣發耶].

라 하였으니 율곡은 심을 기처럼 능동적인 것으로 보았기 때문에 심
이 곧 기라 한 것이다. 도심과 같은 형이상학적 개념은 여기서는 찾
아볼 수 없다. 아니나 다를까, 다산도 심에 대하여는 율곡의 견해에
접근하고 있는 듯하다.

심은 하나일 따름이다. 심이 발하면 천도 되고 만도 된다.……소
위 사단(四端)이라 하지만 오단(五端)도 되고 육단(六端)도 되고
칠(七)도 되고 팔(八)도 될 수 있으니 본시 활동이 정해지지 않은
것이다.

라 한 것을 보더라도 심(心)은 결코 송유들이, 이른바 담연허명(湛然
虛明)한 주정설적인 것이 아니요, 내면에 함축되어 있으면서 외부를
지향해 운용하면서 수시로 서로 다투는[含畜在內 運用向外 隨時相訟]
능동심(能動心)임을 알 수가 있다. 여기서도 또한 율곡의 심시기설(心
是氣說)의 합리적 뒷받침이 될 수 있는 활동부정지물(活動不定之物)로
서 심을 제시하고 있다는 점에서도 다산은 퇴계보다도 율곡에 가깝
다고 하지 않을 수 없다. 그렇다고 해서 다산을 율곡계열의 한국 유
학사의 일각에 참여시켜야 할 것이냐의 문제에 관해서는 총체적으
로 볼 때 다산학이 초주자학적(超朱子學的) 입장에 서 있다는 사실만
으로도 이 같은 독단이 결코 허용될 수 없음은 말할 나위도 없다.
　다음으로 문제가 되는 것은 양명학적 입장과 다산학 사이에 많은
근사치를 찾아낼 수 있기는 하지만 본질적인 문제에 있어서 차이를

나타내고 있음을 간과해서는 안 될 것이다.

다산은 그의 『대학공의』에서 왕양명의 착간설(錯簡說) 부정을 긍정적으로 받아들였고 왕학(王學)처럼 성의를 존중하며 지행합일에 따른 행동주의도 다산은 그의 실천윤리 안에서 소화시키고 있다. 이러한 몇 가지 단편적인 문제에서 다산은 그의 왕학에 접근하고 있는 양 보이기도 하지만 퇴계가 「전습록변」을 지어 왕학을 배척했듯 다산도 「치양지변」을 지어 이를 배척하고 있다.

> 왕양명은 치양지(致良知) 3자로써 그 법문의 종지를 삼았는데 드디어 대학의 치지(致知)는 맹자가 이른바 배우지 않고도 알게되는 양지(良知)를 치(致)하는 것으로 여기고 중언부언하면서 그칠 줄을 모르며 자기의 일생득력이 오직 이 3자에 있다고 이르고 있다. 그의 말을 살펴보면 깊이 믿어 의심치 않으며 흔연 자득하여 백 세 후의 성인을 기다린다고 하더라도 미혹됨이 없으리라고 한다. 이 점이 양명이 현자가 된 까닭이지만 반면에 양명학이 이단이 된 소이이기도 한 것이다. 무릇 한 구의 말을 가지고 종지로 삼는다면 그의 학은 다 이단인 것이다. 위기(爲己)함은 군자의 학이니, 성인이 일찍이 이를 이야기하였다. 양씨(楊氏)는 '위기' 두 글자를 가지고 종지로 삼으니 그의 폐단은 일모(一毛)를 뽑는다 해도 하지 않는 것이 되어서 이단을 형성하기에 이르렀다. 존덕성(尊德性)은 군자의 학이니 성인이 일찍이 이를 이야기하였다. 육씨(陸氏)는 존덕성 세 글자를 가지고 종지로 삼으니 그의 폐단은 정신을 농하여 돈오(頓悟)하게 되어서 이단을 형성하기에 이르렀다. 양지의 학도 무엇이 이와 다른가. 홀로 한탄하건대 양명처럼 고문(高文) 달식(達識)한 분으로서 일찍이 치(致)와 양(良)은 서로 연속하여 쓸 수 없는 글인 줄을 모르고서 천고에도 없는 학설을 만들어 가지고 천하 만세의 사람들에게 보이면서도 이를 의심하지 않으니 어찌하여 그 폐단이 여기에까지 이르렀을까.

하면서 줄줄이 "양즉불치(良則不致) 치즉비양(致則非良)"의 설을 전개하여 치양지라는 언어 자체마저도 성립할 수 없음을 통렬히 비판하고 있다. 다산의 왕학 비판이 이에 이르고 보면 조선유학사 왕양명절에도 다산학이 설 자리는 마련할 수 없음이 분명한 것이다.

예학 중심의 유학에 있어서도 다산은 방대한 업적을 남기고 있다. 『상례사전』 60권이라는 최대의 저술과 아울러서 『방례초본』(경세유표) 22권과 『춘추고징길흉이례』 12권을 합하면 그것만으로도 100권이 넘는 데다가 『상례외편(喪禮外篇)』 12권, 『사례가식(四禮家式)』 9권을 합하면 다산학에서 차지하는 비중도 이만저만 큰 것이 아니다. 거기에다가 기해예송에 따르는 다산의 일가견은 특이한 일설로 간주하게 될 때 모름지기 다산학은 거기에서도 한 자리가 마련되어야 할지 모른다. 그러나 다산예학은 다산학의 일부에 지나지 않는다는 사실을 상기할 때 다산학 전부를 몽땅 조선조 전통예학에 예속시킬 수는 없다는 사실을 우리는 알아야 할 것이다.

그렇다면 조선유학사 안에서 차지해야 할 다산학의 설자리는 어디에 있는 것일까. 아니면 어디에다가 마련해 주어야 할 것인가. 여기서 다산 1인을 위하여 특단의 예우를 기대하는 것은 잘못일지 모르지만 적어도 다산을 놓고 생각한다면 그의 경학을 「근세 수사학의 태두」라는 한 항을 설치하여 이를 다루어야 하지 않을까. 후학의 입장에서 일단 생각해 보지 않을 수 없다.

제2절 실학사적 측면

1960년대 이후 오늘에 이르기까지 조선조 후기 실학의 성격을 규명하기 위하여 많은 논문들이 발표되기는 하였지만 그 개념이 하나로 귀일되지 못한 채 오늘에 이르고 있다. 그러나 그들의 내용을 대충 정리하면 다음과 같이 세 가지로 분류할 수 있을 것이다.

① 실증 실용 실천 실사구시 등 '허(虛)'나 '공(空)'에 대한 반 개념으로 쓰였다.

② 경세치용 이용후생 등 역사적 현상으로 파악하였다.

③ 개신유학으로서 여기에는 철학적 인식이 내포되어 있다.

1. 실사구시

1930년대를 전후하여 쓰인 조선문화사에서는 소위 영정시대의 신학풍을 대체로 실사구시(實事求是)의 학풍으로 규정하는 것이 하나의 통례로 되어 있었고 실사구시의 구체적 내용을 실증 실용 등으로 풀이하는 것이 고작이었다. 그러기에 후기 실학은 아예 실증학파로 부르기도 하고 이를 청조고증학의 유파로 간주하려 하기도 하였다.

한대에 사용했던 실사구시라는 단어가 갑자기 후기 실학의 성격을 따지는 자리에서 애용된 것은 그럴 만한 이유가 없지 않다. 간단히 말하자면 한대의 실사구시는 노장사상의 허무에 대한 유가의 실을 크게 내세우기 위한 것이었음이 물론이다. 다시 말하면 노장의 은둔적인 허무사상에 대한 유가의 현실적 경세사상이 서로 대립하는 자리에서 쓰였던 단어였고 그것을 간략하게 쓰면 곧장 실학이 되고 만다.

대상은 좀 다르지만 여말선초(麗末鮮初)의 유불교체기에 유학자들이 자기의 학을 자칭하여 실학이라 이른 사례가 많은 것은 은연중 당시의 불가를 지칭하여 공소한 적멸지교(寂滅之敎)로 간주했기 때문이었다. 그러한 의미로 따진다면 한대와 선초에 있어서는 그의 대상만이 노장과 불가로 달라졌을 뿐 실질적인 유가의 입장은 동일하기 때문에 실사구시지학, 곧 실학이 유학을 지칭하고 있다는 점에 있어서는 양자가 다를 바 없다.

그러나 이러한 공식적인 실사구시의 개념이 조선조 후기 실학의 별칭으로 쓰이던 무렵에 있어서의 대상은 노장도 아니요, 불가도 아닌 유가의 아성인 성리학 자체였다는 데서 그 개념 파악에 혼선을 가져왔다. 후기 실학은 과연 유학의 세계에서 완전히 이탈된 것이냐, 아니면 유학 안에서 양성된 새로운 술이냐 하는 문제인 것이다. 아마도 속단이 될지 모르지만 실사구시니 실증이니 실용이니 하는 단어가 성리학의 공소성에 대한 반작용으로 쓰일 무렵에는 적어도 이 개념을 전통유학과는 관계가 없는 참신한 사조로 간주하려는 경향이 짙지 않았나 싶다. 그러한 사조는 그 때문에 서구적인 자연과학과도 직결할 수 있었던 것이다. 그러나 차츰차츰 논쟁의 농도가 짙어가고 스스로를 좀 더 깊이 자성하는 과정에서 실학의 '실(實)'자 개념 분석만으로는 만족할 수 없게 되자 보다 더 구체적인 학풍의 내용을 탐색하기 시작하였다. 그것이 다름 아닌 경세치용과 이용후생의 개념이라고 할 수 있다.

2. 경세치용

실사구시지학풍이라는 직선적이요 피상적인 표현만으로는 후기 실학의 성격을 이해할 수는 없으리만큼 후기 실학은 여러 가지 복합된 요소를 내포하고 있었다. 그것은 소위 당대의 실학자로 지목되는 많은 학자들이 부각되고 그들의 학문적 깊이가 들추어지기 시작함으로써 새로운 개념으로 표현할 수 있는 글귀가 모색되었으리라고 본다. 이때 일차적으로 쓰인 것이 경세치용이라고 할 수 있다.

유학이란 본래 수신제가를 본분으로 삼지만 사실상 치국평천하의 학이 아닐 수 없다. 맹자가 '보세장민(輔世長民)'을 외친 것도 따지고 보면 경국제세를 역설한 것으로 보아야 한다. 공자도 "몸단속을 잘하면서 백성을 편안하게 해 준다.[修己以安百姓]"라 하였으니 '안백성(安百姓)'이란 곧 경세제민을 뜻하는 것이 아닌가. 그러므로 경세치용은 실사구시의 개념에 비하여 훨씬 더 유학적인 풍취가 짙은 것이다. 그것은 곧 유학의 본연의 성격으로서 수기치인의 후반인 치인의 다른 표현이 되기 때문인지도 모른다. 어쨌든 지나치게 자성지학으로 치닫자 그의 설자리를 잃은 성리학의 보완적 의미로서도 후기 실학의 성격을 경세치용에 둔 것은 그런대로 설득력이 있는 표현이라고 하지 않을 수 없다.

그러나 경세치용만 가지고서는 어딘지 모르게 부족한 일면이 없지 않게 느껴지기 때문에 보충적 의미로서 이용후생이라는 단어가 나온 것이다. 이용후생이란 치용보다 더 구체적인 표현으로서 풍부한 내용을 간직하고 있다. 경세치용은 제도론적이지만 이용후생은 실용주의적인 것이다. 아니나 다를까, 이용후생파로 지목되는 박연암·박제가 등은 한결같이 북학파로서 국가제도의 혁신보다도 곧장 민생고의 해결과 직결되는 문제들을 다루고 있다. 어쨌든 경세치용에 뒤따르는 이용후생의 정신은 모름지기 후기 실학의 경세학적 내실이라 하지 않을 수 없다.

이로써 후기 실학은 유가의 세계에서 벗어난 것이 아니라 유가의 세계 안에서 빚어진 새로운 술이라는 사실을 확인하게 된다. 새로 빚어진 이 술은 결코 전통유학의 맛은 풍기지 않고 그야말로 청신(淸新)한 맛을 지닌 새 술이라는 점에서 이름하여 일단 '개신유학(改新儒學)'이라 일렀던 것이다. 다시 말하면 전통유학을 전적으로 개신한 것이라는 점에서 우리는 그가 지닌바 성격의 규명에 흥미를 느끼지 않을 수 없다.

3. 개신유학

지금까지의 학계의 통념상 후기 실학의 3대 학파로서 실사구시·경세치용·이용후생을 치는데 실사구시학파에 추사 김정희, 경세치용학파에 반계 유형원·성호 이익, 이용후생학파에 연암 박지원·초정 박제가 등을 내세우고 있지만 다산 정약용은 어디에고 낄 자리가 없다. 왜냐하면 다산에게서는 이 세 가지 요소가 다 갖추어져 있기 때문에 그 어느 일파에만 소속시켜 버린다면 다른 두 파는 버려야 하고 이 3대 파에 전부 소속시키기로 한다면 이 3대 파를 하나로 묶어놓은 정상에 앉히지 않으면 안 되기 때문이다. 그러나 이러한 정상은 가상적이지 실재적인 것이 아니기 때문에 다산의 설자리는 어디에고 없다. 여기에 다산을 처리하기 위하여 개신유학이라는 새로운 단어에 대하여 흥미를 느끼지 않을 수 없는 까닭이 있다.

그러나 여기서 주의해야 할 점이 있다. 개신유학이라는 단어를 놓고 역사가와 철학가가 동상이몽의 꿈을 꾸고 있다는 사실이다. 다시 말하면 사학자들은 개신유학의 새로운 개념을 역사현상 속에서 찾아내려고 하고 있는 반면에 철학자들은 개신유학의 본질이 무엇인가를 탐색하고 있다.

후기 실학의 역사적 배경으로서 중대한 영향을 미친 것은 국내적으로는 임진·병자의 두 차례 국난을 치른 후에 일어난 정치적 혼란(당쟁)과 경제적 피폐(전정·세곡의 문란)와 사회적 불안[민요(民擾)]으로 말미암아 이에 대한 광구책(匡救策)이 절실히 요청되던 시기였고 대외적으로는 청조문물이 연경으로부터 도입됨에 따라서 자아각성의 계기가 마련된 사실을 지적하지 않을 수 없다.

이 시기에 있어서의 자아각성은 자아비판으로 나타났으며 그것은 또한 자아개혁의지로 승화할 수밖에 없었다. 그것의 가장 구체적인 것이 토지개혁을 주제로 한 많은 시론, 예컨대 공전론·한전론·여전론 등이라고 할 수 있다.

그리하여 이들의 변혁의식은 대체로 두 가지로 나누는데 하나는 자아의식이 민족주체의식으로 승화하였다고 보는 것이 역사가들의 통례라 할 수 있다. 그러나 이들의 의식세계가 송학적 성리학의 굴레에서 벗어나려고 발버둥치고는 있었지만 조선조 500년의 유교입국이라는 대국적 제약 때문에 그들의 개혁의식에는 자연히 하나의 한계선이 가로놓여 있었음도 간과해서는 안 될 것이다. 그들은 어디까지나 유학자들이었고 또한 유학을 생활의 신조로 삼던 관료세계[왕조의 비호]에서 한 걸음도 벗어날 수 없었다. 그러나 그들의 세계가 어쨌든 본질적으로는 개신유학적인 세계라 이르지 않을 수 없는 까닭이 여기에 있었던 것이다.

이러한 역사현상을 살펴볼 때 개신유학은 단순한 일시적 현상이 아니라 거기에는 반드시 역사철학이 제시해 주는 변화의 한 과정적 요소가 있었음을 파악해야 하지 않을까 하는 문제가 남는다. 그렇게 함으로써 비로소 후기 실학 문제에 철학자가 참여할 빈틈이 생겨난 것이라고 볼 수 있다.

여기서 어려운 철학적 이론의 전개는 잠시 그만두고 단도직입적으로 다산의 역사의식을 살펴본다면 그의 선배인 반계나 성호와는 다른 점이 눈에 뜨인다. 그것은 다름 아니라 성호가장(星湖家狀)에서는,

그 마음은 주자를 배우는 것이었다[其心則學朱].

라 하였고 다산의 「답이문달서(答李文達書)」에서도,

성옹의 학문은 일생 주자를 존신했다. 그러므로 제경질서는 모두 주자학에 대한 전주로서 그것을 발휘하고 천양하는 것이다 [盖星翁學 一生尊信朱子 故諸經疾書 皆就朱子傳註 發揮而闡揚之].

라 한 것을 보면 성호는 주자학의 세계에서 벗어나지 못했음이 분명하다. 고증학자로 알려진 추사 김정희(1788~1856)의 경학적 업적은 그리 많지 않으며 여타의 실학자들에게서도 경학적 저술은 드문 형편이다. 그런 중에서도 오직 다산에게 한하여 육경사서(六經四書)의 저술이 있다는 사실은 그것이 단순히 다산 한 사람의 업적으로 평가하는 데 그칠 것이 아니라 그것이 지닌 시대적 의의를 재평가하지 않으면 안 되리라고 여겨지는 것이다. 다산은 이미 성호보다도 한 걸음 뛰어나 주자학의 세계에서 벗어났다는 점에서 그의 의의가 더욱 가중되리라고 여겨진다. 그러므로 개신유학의 학문적[철학적] 입장에서 후기 실학을 논할 때에 있어서는 적어도 주자학 안에서의 문제인가, 아니면 주자학의 세계에서 벗어난 입장에서의 문제인가를 구별해야 하며 그럼으로써 비로소 다산학의 실학사적 입장은 분명하게 설정될 수 있을 것이다.

그렇다면 다산은 주자학의 세계에서 벗어나 어떠한 학문적 업적을 세웠을까. 여기서 우리는 우주론·인성론, 그리고 그의 윤리설에서 세운 업적을 상기할 필요가 있다. 이 세 부분에서 다산은 전적으로 탈주자학의 입장을 굳혀 놓고 있는 것이다.

우주론적 입장에서 가장 중요한 과제는 음양오행설이 아닐 수 없다. 공자시절만 하더라도 음양설적 대대관념이 상징적으로 존재하였지만 원소론적 오행[오원(五元)] 사상은 그림자조차 비쳐 있지 않았는데 전국시대[맹순시대] 말에서 진한대로 넘어오는 과정에서 추연·여불위 등에 의하여 오행사상이 판을 치기 시작하면서 음양설과 오행설이 비록 상호 이질적인 성격을 갖추고 있으면서도 서로 교차하여 음양오행설로 발전하기에 이르렀던 것이다.

이러한 음양오행설은 한대의 참위 재이설과도 결탁하여 술수학이라는 학문 아닌 학이 형성되었고 그러한 술수학적 음양오행설이 송대 철학에도 깊은 영향을 미친 것은 이미 알려진 학계의 상식이다. 조선조 성리학도 그러한 학적 수렁 속에서 벗어나지 못하고 있음은 다시 말할 나위도 없다. 그러한 전통적 아성에 도전하여 다산은 상징적인 음양설만을 취하고 원소론적인 오행설은 부정하는 획기적 이론을 발표한 것이다. 다산은 『중용강의』에서 다음과 같이 말하고 있다.

> 천지는 호대(浩大)하고 물리는 묘은(眇隱)하니 손쉽게 추측하기가 어려운데 하물며 오행은 만물 중에서도 오물(五物)에 지나지 않는지라 다 같은 물인데 오(五)로써 만(萬)을 생성한다니 어렵지 않겠는가.

라 하고 『상서고훈』에서는,

> 만일 천지 만물이 모조리 오행에서 나왔다고 한다면 일월성신은 토석(土石) 속에 섞일 수 없고 조수인어(鳥獸鱗魚)는 금목(金木)에 의뢰할 수도 없으니 어떻게 해석해야 할 것인가.

라 하여 오행설을 받아들이지 않았음이 이로써 분명한 것이다. 다산의 오행설 부정은 거꾸로 태극음양설만을 받아들인 결과가 되는 것으로써, 이는 앞서도 논한 바 있는 일이이(一而二)·이이일(二而一)적 묘합의 원리만을 음양설을 매개로 하여 그의 우주론의 본질로 삼은 것을 의미한다.

다음으로는 이미 중용절(제3장 제2절)에서 지적한 바 있듯이 다산은 정주의 천리설[이는 심즉리설(心卽理說)을 주장한 왕양명도 마찬

가지다]을 부정하고 곧장 성명론을 제기함으로써 그의 이이일(二而一)적 사유양식을 인성론에 있어서도 재확인했다는 사실이다. 이는 그의 우주론과 더불어 공통된 묘합의 원리로서 주목해야 할 그의 철학적 과제가 아닐 수 없다.

다산의 윤리설은 그의 효자론·충신론·열녀론 등에 있어서 소위 삼강행실도류의 종속적 상향윤리를 단호하게 부정하고 다음과 같이 지적하고 있다.

> 이는 예가 아니다. 이는 백성들을 가르치되 부모를 빙자하여 이름을 팔고 요역(徭役)을 회피하며 간사한 말로 꾸며 군왕을 기만하니 이는 선왕의 지기(至理)가 아니다.

라 하면서 석진단지(石珍斷指)·맹종읍죽(孟宗泣竹)·왕상부빙(王祥剖氷)·왕연약어(王延躍魚)·검루상분(黔婁嘗糞) 등의 기행을 유교적 효행으로 권장한다는 것은 도리어 예가 아니라 하였다.

이렇듯 전통적인 효행관[삼강행실도]에 대하여 부정적인 태도를 취했을 뿐만 아니라 효제와 아울러 자덕(慈德)을 강조하여 대학경설에서 "명덕자(明德者) 효제자(孝弟慈)"를 주장했고 이에 근거하여 목민자라는 향인지애[嚮人之愛, 인(仁)]로서의 하향윤리를 강조한 것이라든지 나아가서는 전통적인 효경이나 충경 대신에 제경을 저술하여 평등적인 횡적 윤리사상을 제기함으로써 근대윤리사상에의 접근을 시도한 것은 우리의 주목을 끌기에 넉넉한 것이다.

이러한 그의 호혜적 윤리관의 바탕에는 모름지기 이이일(二而一)적 2인[인(仁)]의 친화를 근간으로 하는 묘합의 원리가 바탕을 이루고 있기 때문임을 짐작하게 하는 것이다.

그리하여 우리는 그의 묘합의 원리에 기초한 개신유학으로서의 그의 철학사상이 관연 한국의 철학사상과 어떠한 맥락으로 이어질 수 있는가를 살펴보아야 할 것이다.

제3절 사상사적 측면

여기서 저 유명한 최치원의 난랑비 서문의 일절을 읽어보는 것이 좋을 것 같다.

> 나라에 현묘한 도가 있으니 풍류라 이른다. 그 교의 기원은 『선사』에 자세히 실려 있거니와, 실로 이는 3교를 포함하여 중생을 교화한다. 집에 들어오면 효도하고 나아가면 나라에 충성하는 것은 공자의 주지이며, 또 그 함이 없는 일에 처하고 말 없는 교를 행하는 것은 노자의 종지이며, 모든 악한 일을 하지 않고 착한 일만을 행함은 석가의 교화이다[國有玄妙之道 曰風流 設敎之源 備詳仙史 實乃包含三敎 接化群生 且如入則孝於家 出則忠於國 魯司寇之旨也 處無爲之事 行不言之敎 周柱史之宗也 諸惡莫作 諸善奉行 竺乾太子之化也](『삼국사기』, 「진흥왕조」).

이 글을 음미하면 현묘지도(玄妙之道)로서의 풍류와 후반에 나오는 삼교에 대한 설명내용과는 상당한 시차가 있다. 전자는 단군설화와 직결되어 있고 후자는 진한시대 이후의 삼교에 대한 윤색이 분명하다. 여기서는 이를 자세히 분석해 볼 겨를이 없으므로 현묘지도의 내용을 단군설화에 근거하여 서술함으로써 한국사상의 묘맥을 찾아 보도록 한다.

단군설화는 크게 세 부분으로 나누어지는데(『삼국유사』)

첫째는 환인과 환웅과의 부자관계로서 환웅(桓雄)의 "자주 세상에 뜻을 두어 인간 세상을 탐함[數意天下 貪求人世]"의 의욕을 받아들인 환인(桓因)은 "이에 천부인 3개를 주고 가서 다스리게[乃授天符印三個 遣往理之]" 함으로써 부자화친의 극치를 보여주고 있다. 이는 소위 재가지효(在家之孝)가 아니라 오히려 출가지효(出家之孝)로서 부자자 효(父慈子孝)하는 호혜의 묘리가 그 안에 깃들어 있는 것이다.

둘째는 군신관계로서 환웅이 무리 삼천 명을 거느리고 풍백·우 사·운사를 거느린 후 곡·명·병·형·선악을 주관하며 인간세계 를 다스려 교화한 모습은 군신화친의 결과로서 만상귀일의 조화를 이루고 있다.

셋째는 남녀(부부)관계로서 웅녀가 아이 가지기를 빈 데 대해 신 웅(神雄)이 짐짓 인간으로 변하여 결혼한 것은 신분의 고하[신(神)]나 용모의 미추[웅(熊)]를 가릴 것 없이 단군왕검을 탄생하게 하기 위한 신성한 결합임을 알 수가 있다. 이것도 또한 남녀 묘합의 극치라 하 지 않을 수 없다.

여기에 나타난 부자·군신·부부의 삼강에서는 효·충·열의 종 속윤리개념은 조금도 개재해 있지 않음을 알 수 있는 동시에 현묘지 도로 표현할 수 있는 묘합의 원리만이 그의 바닥에 깔려 있음을 알 수가 있다.

이로써 단군설화의 분석을 통하여 본 소위 풍류도로서의 현묘지 도는 다름 아닌 묘합의 원리가 아닐 수 없다. 이제 우리는 이러한 소위 한국사상사적 묘합의 원리를 그의 역사적 맥락을 더듬어 가면서, 이에 따른 다산사상의 위치를 설정해야 할 것이다. 그래야만 다산학은 비로소 유학사나 실학사에서뿐만이 아니라 사상사의 맥락에 의해서도 제 위치를 차지하게 될 것이다.

신라의 화랑도가 한국사상사적 정맥에서 어떻게 평가되어야 할 것인가. 적어도 그의 화랑오계는 유교, 그중에서도 충효를 앞세우는 진한시대의 영향이 짙다. 그러나 그들이 유오산수(游娛山水)하면서 자연과 더불어 영육일체의 수양과 단련을 쌓는 것은 다산이 말한 신형묘합의 심신단련이라 하지 않을 수 없다.

이러한 묘합의 원리는 화랑 출신의 원효에 의하여 고스란히 이어지고 또한 그것이 불교의 그늘 밑에서 정리되었다고 볼 수 있다. 원효의 화쟁논리는 이 점을 단적으로 설명해 주는 것이 아닐 수 없다.

그 후 불문에서는 보조국사와 의상대사에 의하여 선교가 분리되지 않고 합일하는 방향으로 나간 것도 분기된 이원을 싫어하고 양자귀일을 바라는 근본적 입장이 서로 같기 때문이 아닌가 싶다.

한국사상사의 맥락은 현묘지도−불교−유교−근대로 이어진다고 볼 때 적어도 현묘지도와 불교와는 문합(吻合)하여 양자귀일을 지향하는 묘합의 원리로 묶어졌지만 여말교체 이후 유교로 입국하게 되자 사정은 달라졌다. 현묘지도와 습합(褶合)한 불교와는 달리 성리학이 대표하는 조선조 유학은 주자의 충도(忠徒)이기를 기약하면서 한국적인 세계에서 멀리 벗어나고 말았다. 그것은 다름 아닌 중국적인 사유양식인 이원론적 철학세계인 것이다. 그것이[이원론(二元論)] 끝내 합일되지 못하고 그대로 남게 된 것이 다름 아닌 퇴계의 이기호발설이 아닐 수 없다. 이로부터 우리는 조선조 유학의 맥락을 주의

깊게 관찰하지 않으면 안 된다. 왜냐하면 퇴계의 호발설과의 대립과
정에서 비로소 조선조 유학의 한국적 사유양식이 싹트기 시작했기
때문이다. 그 단적인 예가 바로 퇴·고양현(退·高兩賢)의 사칠논변
이다.

고봉 기대승은 리와 기나 성과 정이 따로따로일 수 없듯이 사단칠
정도 분리되어 존재할 수 없음을 다음과 같이 제시하고 있다.

> 사단은 본래 순수한 천리의 소발(所發)이다. 그러나 칠정 밖에서
> 나오게 될 수 있는 것이 아니라 칠정 중에서 발하여 중절하는
> 것의 묘맥일 따름이다.

그러므로 그는 "둘이 분명 구분이 있지만, 그것이 사물에 있으면
혼륜하여 떨어질 수 없다[二者固有分矣 而其在事物也 則固渾淪而不可分
開]"(『사칠이기왕복서』)라 하였으니 여기에 비로소 '하나' 속에 사단
칠정이 존재하여 일이이(一而二)적 사고양식의 싹이 엿보이고 있는
것이다. 이러한 기고봉의 불가분리 양자혼용의 사유양식을 그대로
이어받은 것이 다름 아닌 율곡의 이이일(二而一) 또는 일이이(一而二)
의 이기론임은 누구나 손쉽게 이해할 수 있을 것이다.

율곡과 다산 사이에서 딛고 넘어가야 할 유학자를 추린다면 아마
도 백호 윤휴(1617~1689)를 빼놓을 수가 없을 것이다. 백호에게서
문제 삼는다면 아마도 그의 사칠기승순리설(四七乘氣循理說)과 인심
도심일심설(人心道心一心說)이라 해야 할 것이다. 백호는,

> 인의예지는 성이고, 칠정은 성이 기를 타고 발한 것이다. 희로애
> 락은 정이고, 사단은 정이 리를 따라 움직인 것이다[仁義禮智 性

也 七情者 性之乘氣而發者也 喜怒哀樂 情也 四端者 情之循理而動者也].

라고 했다. 간단한 구절이지만 이를 분석해 보면 성정·리기·사단 칠정이 얽히고설켜서 일체를 이루고 있음을 볼 수가 있다. 대대관계의 개념[이(二)]들이 하나[일(一)]를 이루고 있는 것이다. 곧 이이일(二而一)이 바탕을 이루고 있음을 의미한다. 그러므로 백호는 또,

> 하나이면서 둘이고 둘이면서 하나인 것이다. 이를 합하여 동일하게 하면 사단과 칠정의 구분이 없어지니 용납할 수 없고, 이를 쪼개 분리하면 사단과 칠정의 근원이 둘이 있게 되니 용납할 수 없다[一而二 二而一者也 合而同之 四與七之分 不容無辨也 離而析之 四與七之原 不容有二也].

라고 말했다. 백호의 인심도심일심설을 보면 주자의 일심설과는 달라서 주자의 일심은 허령불매한 일심이지만 백호의 일심은 인심 도심이 합일된 이이일(二而一)적 일심인 것이다.

> 일찍이 부자의 뜻을 살펴보니, 인심 도심이라 하였지만 마음이 되는 바의 것은 역시 하나일 뿐이다[盖嘗竊考夫子之意 蓋曰人心道心 其所以爲心者 亦一而已].

란 이를 두고 이른 말이 아닐 수 없다.

이이일(二而一)의 묘합원리는 고봉－율곡－백호－다산으로 이어졌고 그것은 또한 위로 화랑－원효－풍류－단군으로 연결되어 있음을 알 수가 있다.

따라서 이러한 사상적 맥을 어떻게 이름 지어야 할 것인가가 고심

처가 아닐 수 없다. 그러한 그것은 새로운 이름이어야 한다. 이미 쓰인 이름들이 아니어야 한다. 그러나 그 단어가 설령 다른 데에서 쓰인 것이긴 하지만 어쩔 수 없이 빌려 쓴 단어가 '한'이다. '한'은 물론 '하나'를 줄인 말로서 실로 많은 의미를 가지고 있지만 '한'에서는 오직 '하나'라는 뜻만을 빌려 오면 된다. 그것도 '둘'이면서 '하나'요 '하나'이면서도 '둘'이라는 뜻만으로 쓰기만 하면 된다. 다시 말하면 이이일(二而一)이요 일이이(一而二)의 '한'이라는 의미를 가진 '한'사상이야말로 우리 민족의 고유한 사유양식이요 동시에 한국사상의 본질이라는 가정 아래에서 비로소 우리는 다산학의 한국사상사적 위치가 확인된다는 사실을 알아야 할 것이다.

결미

이 글을 끝맺음에 있어서 생각나는 글귀 하나가 있다. 용두사미(龍頭蛇尾)라는 글귀다. 이 글을 시작할 때 필자는 다산학은 만학의 집대성자라 하였으니 그야말로 용두가 아닌가. 그런데 긴 서술의 역정을 끝맺는 부분에서 다산학은 한국사상의 정맥인 '한'사상의 맥락선상의 한 점에 지나지 않는 것으로 묘사했으니 그야말로 명실공히 사미가 되지 않았는가. 괴이한지고, 용두사미가 된 다산학이여.

그러나 이 책을 대강대강이라도 끝까지 읽은 독자는 대충 다음과 같은 몇 가지 시사는 받았으리라고 생각한다.

첫째, 다산학은 그의 용두사미보다는 그의 중복(中腹)이 더 훨씬 알차다는 사실을 알았을 것이다.

소위 용두의 부분에서는 마치 한 인물을 알기 위해서 그의 출신성분을 소개함으로써 그 인물을 이해하는 데 크게 도움이 되는 것과 마찬가지로 다산의 정치·경제 및 사회적 배경을 서술하여 이해에 도움이 되게 하였으니 이 부분은 한 번만 슬쩍 눈을 거치면 될 것이다. 이 부분은 어쩌면 다산 일인에 국한하지 않고 다산을 전후해서 살던 실학자들에게는 거의 같은 사정이었을 것임에 틀림이 없으므로 이미 이 대목의 정세를 알고 있는 독자는 넘어뛰어도 무방할지 모른다. 그러나 '아는 길도 물어가라'라는 속담도 있으니 지나쳐 버리는 것보다는 한 번쯤 스쳐 지나가는 것도 어딘가 모르게 다산 이해를 위하여 도움이 되리라고 믿는다.

소위 사미 부분은 중복(中腹)을 거치는 동안에 실로 다산학이란 망망대해도 같고, 어쩌면 백두산의 천지연 같아서 어디로부터 올라가야 할지 묘연하게 느끼는 독자들에게 일이관지(一以貫之)할 수 있는 길잡이를 안겨주는 구실을 할 것이다. 흔히 백과사전학파인 다산학을 평하여 박이부정(博而不精)하다고 폄하(貶下)하는 이들이 없지 않다고 듣고 있는 필자는 특히 이 사미의 부분에서 다산학이야말로 본질적으로 개신유학이나 후기 실학이나 한국사상사의 입장에서도 이들의 핵심적 구실을 다하고 있음을 강조하고 싶었던 것이다. 다산학은 결코 박이부정(博而不精)한 것이 아니라 실로 정이박(精而博)한 학문임을 여기서 알고 넘어가야 할 것이다.

소위 중복의 부분이야말로 다산학의 대해를 소개하기 위하여 기획했고 또 입문의 길잡이로 시도했던 것이다. 다산은 그의 중형(仲兄) 약전(若銓, 흑산도 적거 중일 때)에게 보낸 편지에서[1811년 겨울에],

> 성호의 문자는 거의 100권이나 되는데 스스로 생각건대 나 같은 사람이 천지의 큼과 일월의 밝음을 안 것은 다 이분의 힘으로 된 것입니다.

라고 하였는데 실로 독자들이 이 책의 중복(中腹)부문을 읽게 되면 아마도, "다산의 저술은 거의 500권이 넘는데 나 같은 사람이 천지의 큼과 일월의 밝음을 알게 된 것은 여기를 읽은 덕분이다."라고 술회하게 될지도 모른다. 이곳은 모름지기 다산학의 대해를 조망하도록 하기 위하여 시도한 대목이기 때문이다.

둘째, 육경사서와 일표이서 장에서 각론형식으로 설명을 시도한 것은 그야말로 입문을 위한 것에 지나지 않는다. 흔히 학문의 세계를 궁궐에 비하고 궁궐 안에 들어갈 수 있도록 인도하는 작업을 입문이라고 할 때 입문이란 대궐의 극히 작은 한 부분에 지나지 않음은 다시 말할 나위도 없다. 그러한 의미에서 이 장절에서 취급한 몇 개의 항목들은 궁궐로 들어가는 문지기의 구실을 하는 것에 지나지 않음을 알아야 할 것이다. 다시 말하면 이들에 의하여 비로소 궁궐 속으로 들어갈 수 있는 계기가 마련되거나 또는 궁궐 안 풍물에 대하여 구미를 돋울 수 있도록 된다면 그러한 몇 개의 항목들은 입문 유도자로서의 구실을 충분히 했다고 보아야 할 것이다. 그러므로 독자들은 입문에 만족하지 말고 학문의 대궐 안으로 좀 더 깊숙이 들어가도록 노력해야 할 것이다.

셋째, 육경사서와 일표이서의 13절목에 대하여 대충이라도 눈을 거친 독자는 어느 절목도 다산학을 구성하고 있는 요소로서 중요하지 않은 절목은 없다는 사실을 깨닫게 될 것이다. 다시 말하면 지금까지 지나치게 우리들은 『목민심서』 중심으로 다산학을 이해하려고 한 잘못이 있었다는 느낌이다. 어쩌면 『목민심서』와 『흠흠신서』는 따지고 보면 『경세유표』의 보완적 저술에 지나지 않고 이들의 삼자일체에 의하여 비로소 다산의 경세학은 이해될 수 있는 것일지 모른다.

경서학(經書學)의 부분만 하더라도 그렇다. 이 분야에서 열 손가락으로 꼽아야 하는 것이 육경사서다. 속담에 어느 손가락을 깨물어도 아프지 않은 손가락은 없다고 했듯이 어느 경서 하나를 들고 나선다 하더라도 중요하지 않은 경서는 한 권도 없음을 깨닫게 되었을 것이다. 이는 우리들이 마치 박물관이나 박람회에 들어갔을 때 어느 기념관이나 전시실 치고 그대로 스쳐버려야 할 곳은 하나도 없듯이 이들은 다산학이라는 대전시관을 구성하고 있는 각 실에 해당되는 것들이라고 해야 할는지 모른다. 지금까지 우리들은 이 점에 있어서 너무도 소홀히 지나쳐 버리지나 않았는지 반성해 보아야 할 것이다.

넷째로 앞서도 지적한 바 있듯이 지나치게 경세학 중심으로 다산학에 접근하려고 했던 태도에서 지양하여 경학을 경유하여 경세학에 들어가도록 해야 할 것이다. 그러한 의미에서도 『여유당전서』의 편집순위는 경학에서 경세학으로 이어지도록 되어 있는 것이다. 이 입문서의 절목도 그러한 순서를 그대로 답습한 것은 말없는 가운데 이 순서를 따라 경학에서 경세학으로 입문하도록 하는 것이 좋을 것이라고 생각했기 때문이다.

다섯째로 본서의 기록은 엄밀한 의미의 학술서로 쓴 것이 아니라 입문서이기 때문에 주석이나 인용문의 출처를 엄밀하게 따지지 않았다. 오히려 출처의 대강인 서명만을 기재하는 데 그친 것은 독자로 하여금 원서를 뒤지게 하는 간접적인 유도작전이었고 때로는 원문(한문) 그대로 인용하기도 하고, 때로는 원문을 직역하는 형식으로 번역하기도 하고 때로는 원문을 간접적으로 의역하기도 한 것은 몇 가지 용례를 보임으로써 원저에의 손쉬운 접근이 이루어지도록 하는 기대에서 그렇게 시도해 본 것이다. 용례가 뒤죽박죽되어 있음을 탓하는 독자도 있을 법하기에 여기에 한 마디 덧붙여 두는 것이다.

발문

    이 책을 발행하게 된 것은 <이을호 전서> 초간본이 품절되어 찾는 독자들이 많았고, 전서의 증보와 보완이 있었으면 좋겠다는 여망에 따른 것입니다. 전서가 발행된 이후에도 특히 번역본에 대한 일반 독자의 수요가 많아서 『간양록』을 출간하였으며, 『한글 사서』(한글 중용·대학, 한글 맹자, 한글 논어)는 비영리 출판사 '올재 클래식스'가 고전 읽기 운동의 교재로 보급하였고, 인터넷에서도 공개하고 있습니다. 『한글 논어』는 교수신문에서 '최고의 고전번역'으로 선정되기도 하였습니다.

    그간 선친의 학문에 대한 관심의 고조와 함께 생전의 행적을 기리는 몇 가지 사업들이 있었습니다. 서세(逝世) 이듬해에 '건국포장'이 추서되었습니다. 선친께서는 생전에 자신의 항일활동을 굳이 내세우려 하지 않으셨기 때문에, 일제강점기에 임시정부를 지원하고 영광만세운동과 관련하여 옥고를 치렀던 일들을 사후에 추증한 것입니다.

향리 영광군에서도 현창사업이 있었습니다. 생애와 업적을 기리는 사적비(事績碑)가 영광읍 우산공원에 세워졌습니다. 그러나 금석(金石)의 기록 또한 바라지 않으신 것을 알기에 영광군에서 주관한 사적비의 건립 역시 조심스러웠습니다.

서세 5주년 때는 '선각자 현암 이을호 선생의 내면세계'를 주제로 한 학술심포지엄이 영광문화원 주최로 영광군에서 열렸습니다. 그의 학문이 "한국의 사상과 역사를 새롭게 연구하고, 우리 문화의 미래적 방향을 제시한 것"이었음이 알려지자, '한국문화원연합회 전남지회'에서는 『현암 이을호』라는 책을 간행하여 여러 곳에 보급하기도 하였습니다. 이후 영광군에서는 전국 도로명주소 전환 사업 시 고택(故宅) 앞 길을 '현암길'로 명명하였습니다.

학계에서는 전남대학교가 '이을호 기념 강의실'을 옛 문리대 건물에 개설하여 그곳에 저서를 전시하고, 동양학을 주제로 하는 강의와 학술모임을 하고 있습니다. 선친의 학문 활동은 일제시대 중앙일간지와 『동양의학』 논문지 등에 기고한 논설들이 그 효시라 할 수 있지만, 그 이후 학문의 천착은 일생 동안 몸담으셨던 전남대학교에서 이루어졌음을 기린 것입니다. 지금은 생전에 많은 정성을 기울이셨던 '호남의 문화와 사상'에 대한 연구도 뿌리를 내리게 되어 '호남학'을 정립하려는 노력들이 활발하게 이루어지고 있습니다. 또한 한국공자학회에서 논문집 『현암 이을호 연구』를 간행하였고, 최근 출간한 윤사순 교수의 『한국유학사』에서 그 학문적 특징을 '한국문화의 새로운 방향을 제시한 업적'으로 평가하였습니다.

이제 하나의 소망이 있다면, 그 학문이 하나의 논리와 체계를 갖춘 '현암학'으로 발전하는 것입니다. 이 출간이 '책을 통하여 그 학문과 삶이 남기'를 소망하셨던 선친의 뜻에 다소나마 보답이 되었으면 합니다. 덧붙여서 이 전집이 간행되기까지 원문의 번역과 교열에 힘써 준 편집위원 제위와 이 책을 출간하여준 한국학술정보(주)에도 사의를 드립니다.

2014년 첫봄
장자 원태 삼가 씀

편집 후기

　2000년에 간행된 <이을호 전서>는 선생의 학문과 사상을 체계적으로 이해하도록 편찬하였었다. 따라서 다산의 경학을 출발로, 그 외연으로서 다산학 그리고 실학과 한국 사상을 차례로 하고, 실학적 관점으로 서술된 한국 철학과 국역 『다산사서(茶山四書)』, 『다산학제요』 등을 실었던 것은, 다산학을 중심으로 형성된 한국적 사유의 특징을 이해하도록 한 것이었으며, 그 밖의 『사상의학』과 『생명론』은, 선생이 한때 몸담았던 의학에 관계된 저술이었다.

　지금은 초간본이 간행된 지 14년의 세월이 흘러, 젊은 세대들은 원전을 이해하지 못하는 사람들이 늘어나고, 그 논문의 서술방식 또한 많이 바뀌어 가고 있다.

　이러한 상황의 변화에 따라 새로운 전집의 간행이 이루어졌으면 하는 의견들이 많아 이번에 <현암 이을호 전서>를 복간하게 된 것이다.

　이 책의 편차는 대체적으로 선생의 학문적 흐름을 쉽게 이해할 수 있다는 점에서 이미 간행되었던 <이을호 전서>의 큰 틀은 그대로 유지하면서도 각 책을 따로 독립시켜 각자의 특색이 드러나도록 하였다. 특히 관심을 기울인 것은 원문의 번역과 문장의 교열을 통하여 그 내용을 쉽게 이해할 수 있도록 한 것이다.

그 과정에서 가장 중점을 둔 것은 원문의 국역이었다. 저자는 문장의 서술과정에서 그 논증의 근거를 모두 원문으로 인용하였다. 그러나 이번에 인용문은 모두 국역하고 원문은 각주로 처리하였다. 또한 그 글의 출처와 인명들도 모두 검색하여 부기함으로써 독자들의 이해를 돕도록 한 것이다.

또한 이전의 책은 그 주제에 따라 분책(分冊)하였기 때문에 같은 주제에 해당하는 내용은 모두 한 책으로 엮었으나 이번 새로 간행된 전집은 다채로운 사상들이 모두 그 특색을 나타내도록 분리한 것이다. 이는 사상적 이해뿐 아니라 독자들의 이용에 편의를 제공하고자 하는 뜻도 있다.

또 한 가지는 서세 후에 발견된 여러 글들을 보완하고 추모의 글도 함께 실어서 그 학문세계뿐 아니라 선생에 대한 이해의 폭을 더욱 넓히는 데 참고가 되도록 하였다.

이제 이와 같이 번역·증보·교열된 <현암 이을호 전서>는 선생의 학문이 한국사상연구의 현대적 기반과 앞으로 새롭게 전개될 한국문화의 미래적 방향을 제시하는 새로운 이정표로서 손색이 없기를 간절히 기대한다.

갑오년(甲午年) 맹춘(孟春)

증보·교열 <현암 이을호 전서> 복간위원회

안진오 오종일 최대우 백은기 류근성 장복동 이향준 조우진
김경훈 박해장 서영이 최영희 정상엽 노평규 이형성 배옥영

『현암 이을호 전서』 27책 개요

1. 『다산경학사상 연구』

처음으로 다산 정약용의 철학을 체계적으로 연구한 저서이다. 공자 사상의 연원을 밝히고 유학의 근본정신이 어디에서 발원하였는가 하는 것을 구명한 내용으로서, 유학의 본령에 접근할 수 있는 지침서이다(신국판 346쪽).

2. 『다산역학 연구 Ⅰ』

3. 『다산역학 연구 Ⅱ』

다산의 역학을 체계적으로 연구한 책으로서 다산이 밝힌 역학의 성립과 발전적 특징을 시대적으로 제시하고 다산이 인용한 모든 내용을 국역하였다(신국판 上, 下 632쪽).

4. 『다산의 생애와 사상』

다산 사상을 그 학문적 특징에 따라서 현대적 감각에 맞도록 정치, 경제, 사회, 문화 등 각 방면의 사상으로 재해석한 책이다(신국판 260쪽).

5. 『다산학 입문』

다산의 시대 배경과 저술의 특징을 밝히고, 다산의 『사서오경(四書五經)』에 대한 해석이 그 이전의 학문, 특히 정주학(程朱學)과 어떻게 다른가 하는 것을 주제별로 서술하여 일표이서(一表: 經世遺表 / 二書: 牧民心書, 欽欽新書)의 정신으로 결실되기까지의 과정을 서술한 책이다(신국판 259쪽).

6. 『다산학 각론』

다산학의 구조와 경학적 특징, 그리고 그 철학 사상이 현대정신과 어떤 연관성이 있는가에 대해 상세하게 논한 저서이다(신국판 691쪽).

7. 『다산학 강의』

다산학의 세계를 목민론, 경학론, 인간론, 정경학(政經學), 『목민심서』 등으로 분류하여 다채롭게 조명하여 설명한 책이다(신국판 274쪽).

8. 『다산학 제요』

『대학(大學)』, 『중용(中庸)』, 『논어(論語)』, 『맹자(孟子)』의 사서(四書)는 물론 『주역』, 『시경』, 『악경』 등 모든 경서에 대한 다산의 이해를 그 특징에 따라 주제별로 해석하고 그에 대한 특징을 서술한 방대한 책이다(신국판 660쪽).

9. 『목민심서』

다산의 『목민심서』를 현대정신에 맞도록 해석하고, 그 가르침을 현대인들이 어떻게 수용하여야 할 것인가 하는 것을 재구성한 책이다(신국판 340쪽).

10. 『한국실학사상 연구』

조선조 실학의 특징을, 실학의 개념, 실학사상에 나타난 경학(經學)에 대한 이해, 조선조 실학사상의 발전에 따른 그 인물과 사상 등의 차례로 서술한 것이다.(신국판 392쪽)

11. 『한사상 총론』

단군 사상에 나타난 '한' 사상을 연구한 것이다. 단군사상으로부터 '한' 사상의 내용과 발전과정을 서술하고, 근대 민족종교의 특성에 나타난 '한'의 정신까지, 민족 사상을 근원적으로 밝힌 책이다(신국판 546쪽).

12. 『한국철학사 총설』

중국의 사상이 아닌 한국의 정신적 특징을 중심으로, 한국철학의 형성과 발전과정을 서술한 것이다. 이 책은 한국의 정신, 특히 조선조 실학사상에 나타난 자주정신을 중심으로 서술한 것으로서 이는 중국의 의식이 아닌 우리의 철학 사상의 특징을 밝혔다(신국판 611쪽).

13. 『개신유학 각론』

조선조 실학자들의 사상적 특징, 즉 윤휴, 박세당, 정약용, 김정희

등의 사상을 서술하고 실학자들의 저서에 대한 해제 등을 모은 책이다(신국판 517쪽).

14. 『한글 중용·대학』

『중용』과 『대학』을 다산의 해석에 따라 국역한 것이며, 그 번역 또한 한글의 해석만으로서 깊은 내용까지 알 수 있도록 완역한 책이다(신국판 148쪽).

15. 『한글 논어』

다산이 주석한 『논어고금주』의 내용을 중심으로 『논어』를 한글화한 책이며 해방 후 가장 잘된 번역서로 선정된바 있다(신국판 264쪽).

16. 『한글 맹자』

『맹자』를 다산의 『맹자요의』에 나타난 주석으로서 한글화하여 번역한 책이다(신국판 357쪽).

17. 『논어고금주 연구』

『여유당전서』에 있는 『논어고금주』의 전체 내용을 모두 국역하고, 그 사상적 특징을 보충 설명한 것이다. 각 원문에 나오는 내용과 용어들을 한(漢)나라로부터 모든 옛 주석에 따라 소개하고 다산 자신의 견해를 모두 국역하여, 『논어』에 대한 사상적 본질을 쉽게 알 수 있도록 정리한 책이다(신국판 665쪽).

18. 『사상의학 원론』

동무(東武) 이제마(李濟馬, 1838~1900)가 쓴 『동의수세보원』의 원문과 번역, 그리고 그 사상에 대한 본의를 밝힌 것으로서 『동의수세보원』의 번역과 그 내용을 원론적으로 서술한 책이다(신국판 548쪽).

19. 『의학론』

저자가 경성약학전문학교를 졸업한 후 당시의 질병과 그 처방에 대한 자신의 견해를 밝힌 의학에 대한 서술이다(신국판 261쪽).

20. 『생명론』

저자가 만년에 우주에 대한 사색을 통하여 모든 생명의 근원이 하나의 유기체적 관계로서 형성되고 소멸된다는 사상을 밝힌 수상록이다(신국판 207쪽).

21. 『한국문화의 인식』

한국의 전통문화에 나타난 특징들을 각 주제에 따라서 선정하고 그것들이 지니는 의미를 서술하였으며 또한, 우리 문화를 서술한 문헌들에 대한 해제를 곁들인 책이다(신국판 435쪽).

22. 『한국전통문화와 호남』

호남에 나타난 여러 가지 특징들을 지리 풍속 의식과 저술들을 주제별로 논한 것이다(신국판 415쪽).

23. 『국역 간양록』

정유재란 때 왜군에게 포로로 잡혀갔다가 그들의 스승이 되어 일본의 근대 문화를 열게 한 강항(姜沆)의 저서『간양록』을 번역한 것이다(신국판 217쪽).

24. 『다산학 소론과 비평』

다산의 사상을 논한 내용으로서, 논문이 아닌 조그마한 주제들로서 서술한 내용과 그 밖의 평론들을 모은 책이다(신국판 341쪽).

25. 『현암 수상록』

저자가 일생 동안 여러 일간지 및 잡지에 발표한 수상문을 가려 모은 것이다(신국판 427쪽).

26. 『인간 이을호』

저자에 대한 인품과 그 학문을 다른 사람들이 소개하여 여러 책에 실린 글들을 모은 책이다(신국판 354쪽).

27. 『현암 이을호 연구』

현암 이을호 탄생 100주년을 기념하는 논문집으로서 그 학문과 사상을 종합적으로 연구하고 그 업적이 앞으로 한국사상을 연구하는 기반을 닦았다는 것을 밝힌 책이다(신국판 579쪽).

현암 이을호 전서 5
다산학 입문

초판인쇄 2015년 6월 19일
초판발행 2015년 6월 19일

지은이 이을호
펴낸이 채종준
펴낸곳 한국학술정보㈜
주소 경기도 파주시 회동길 230(문발동)
전화 031) 908-3181(대표)
팩스 031) 908-3189
홈페이지 http://ebook.kstudy.com
전자우편 출판사업부 publish@kstudy.com
등록 제일산-115호(2000. 6. 19)

ISBN 978-89-268-6875-1 94150
      978-89-268-6865-2 94150(전27권)